GEORG ROTH

Die Gefahrenvorsorge im sozialen Rechtsstaat

Schriftenreihe der Hochschule Speyer

Band 38

Die Gefahrenvorsorge
im sozialen Rechtsstaat

Von

Dr. Georg Roth

DUNCKER & HUMBLOT / BERLIN

Alle Rechte vorbehalten
© 1968 Duncker & Humblot, Berlin 41
Gedruckt 1968 bei Alb. Sayffaerth, Berlin 61
Printed in Germany

Vorwort

Die Arbeit ist aus dem Forschungsinstitut der Hochschule hervorgegangen. Sie erörtert nicht, wie auf das Wirtschaftsrecht die Begriffe des allgemeinen Verwaltungsrechts als „besonderen Teil" angewendet werden können, sondern untersucht umgekehrt, wie wirtschaftsrechtliche Tatbestände die Grundbegriffe des Verwaltungsrechts im industriellen System bestimmen. Solche Blickrichtung dürfte der Dogmatik des modernen Verwaltungsrechts ein weites Feld eröffnen.

Prof. Dr. Hartwig Bülck

Inhalt

Einleitung 9

A. Gefahrenabwehr und Gefahrenvorsorge 11
    I. Gefahrenabwehr im liberalen Rechtsstaat 11
    II. Gefahrenvorsorge im sozialen Rechtsstaat 14

B. Allgemeine Stabilisierung 20

C. Besondere Stabilisierung 39
    I. Außenwirtschaftliche Protektion 39
    II. Materielle Aufsicht 44
    III. Marktordnung 50

D. Gefahrenvorsorge und Ermächtigung 55

Anhang 63

Literaturverzeichnis 76

Einleitung

In der hochindustriellen Entwicklung der Gegenwart steht die Veränderung der Lebensverhältnisse im Mittelpunkt der Wirtschafts- und Sozialpolitik. Das gilt in doppeltem Sinne, nämlich der aktiven Veränderung in einer sich ständig wandelnden Umwelt. Gegenstand der Veränderung ist die wirtschaftliche und soziale „Lage", wie sie heute in zahlreichen Berichten an Gesetzgeber und Öffentlichkeit verzeichnet wird. Dazu gehören die „gesamtwirtschaftliche Lage" und die „Lage der Landwirtschaft" ebenso wie die „Lage der Mittelschichten" oder die „Lage der Jugend". Mit der Aufnahme dieser Lagen tritt nicht nur die Politik, sondern auch das Recht, in ein neues Verhältnis zur Zeit[1]. Die zeitgebundene Effektivität wird zum Merkmal einer umfangreichen *Lenkung* von *Lagen*, die zugleich ihre Normativität zu sprengen droht. Die bisher vornehmlich epochal verstandene Situationsbedingtheit des Rechts wird permanent. Außerdem wandelt sich das Verhältnis des Rechts zur Person[2]. Die Lenkung von Lagen ist nicht unmittelbar auf den Einzelnen bezogen, wie es für die Struktur des liberalen Rechtsstaats typisch ist. Lagen sind vielmehr dem Einzelnen unmittelbar nicht zurechenbare Massen- oder Gruppensachverhalte. Der Einzelne ist lediglich Beteiligter und damit in Gefahr, nicht Zweck, sondern Mittel der Lenkung zu sein. Um so mehr muß die Lenkung rechtlich konturiert werden. Das ist bisher vor allem unter dem Kriterium der Zulässigkeit geschehen. Man kann die Lenkung jedoch nicht allein von ihrem liberalen Gegenprinzip her erfassen. Die Rechtsordnung muß für die soziale

---

[1] Vgl. die Auseinandersetzung um den Gesetzesbegriff: *Forsthoff*, Über Maßnahmegesetze, in Gedächtnisschrift für Jellinek, 1955, S. 221; *Böckenförde*, Gesetz und gesetzgebende Gewalt, 1958; *Zeidler*, Maßnahmegesetz und „klassisches" Gesetz, 1961. Siehe andererseits *Luhmann*, Die Knappheit der Zeit und die Vordringlichkeit des Befristeten, in Die Verwaltung, 1. Bd. (1968), S. 3.

[2] Vgl. *Freyer*, Das soziale Ganze und die Freiheit des Einzelnen unter den Bedingungen des industriellen Zeitalters, 1957, S. 28: „Aber nicht nur unsere Arbeitswelt, sondern unser gesamter Sozialapparat ist sehr konsequent so konstruiert, daß er den Menschen immer nur je in einer bestimmten Hinsicht betrifft, ihn immer nur als Träger eines bestimmten, schematisierbaren und organisierbaren Interesses in sich einbezieht." Der Lage entspricht, von der Soziologie her gesehen, die „Rolle"; vgl. auch *Dahrendorf*, Homo Sociologicus, ein Versuch zur Geschichte, Bedeutung und Kritik der Kategorie der sozialen Rolle, 5. Aufl., 1965. Zu den rechtlichen Konsequenzen siehe die Studien und Materialien zur Rechtssoziologie, hrsg. von *Hirsch* und *Rehbinder*, Kölner Zeitschrift für Soziologie und Sozialpsychologie, Sonderheft 11/1967.

Eigenart der Lenkung fortgebildet werden. Das erfordert einmal die entsprechende Ausformung der Mittel und des Verfahrens. Es erfordert darüber hinaus, die Lenkung nach ihren Zwecken zu bestimmen, denn Mittel und Verfahren dienen nicht sich selbst. Diese Zweckbestimmung darf sich nicht nach der konkreten Vielfalt der Zwecke richten, die leicht ins Uferlose führt. Maßgebend ist die rechtsbildende Kraft des Zwecks oder genauer: die Ausprägung der solidarischen Verantwortung, als Grundprinzip des Sozialstaats, auf der Ebene der allgemeinen Staatszwecke. Der liberale Rechtsstaat hat die allgemeinen Staatszwecke nach Sicherheits- und Wohlfahrtszweck unterschieden. Diese Unterscheidung muß im sozialen Rechtsstaat für den Wohlfahrtszweck weitergeführt werden.

Aus der Vielzahl der einzelnen Wohlfahrtszwecke tritt heute die wirtschaftliche Daseinssicherung hervor. Sie ist in jüngster Zeit vor allem als konjunkturelle Stabilisierung akut geworden. Doch ist die wirtschaftliche Daseinssicherung hierauf nicht beschränkt. Sie stellt vielmehr, auf dem Gebiet der Lenkung, die Mindestfunktion des Sozialstaats dar[3]. Ihr Inhalt ist es, vordringlich das Mindestmaß an wirtschaftspolitischer Lenkung zu verwirklichen, das für die Existenz von Staat und Gesellschaft in einer freiheitlich-sozialen Ordnung notwendig ist. Unter diesem Zweck wird die herkömmliche *Gefahrenabwehr*, zur Wahrung der Rechtssicherheit, durch die *Gefahrenvorsorge*, mit dem Ziel wirtschaftlicher Existenzsicherheit, ergänzt. Das zeigen Begriffe wie „Störung des gesamtwirtschaftlichen Gleichgewichts", „Wahrung der Währungsstabilität" und Verhütung von „Mißständen" in bestimmten Wirtschaftszweigen. Die Lenkung zum Zweck wirtschaftlicher Daseinssicherung, die hier Gefahrenvorsorge genannt wird, läßt gleichzeitig die „gemeinsame Lage" deutlich werden, als eine Schlüsselfigur sozialstaatlichen Verwaltungsrechts, im Unterschied zu dem für die liberale Rechtsordnung typischen Individualsachverhalt.

---

[3] Vgl. dazu besonders *Jochimsen*, Grundlagen, Grenzen und Entwicklungsmöglichkeiten der Welfare Economics, in Probleme der normativen Ökonomik und der wirtschaftspolitischen Beratung, hrsg. von *Beckerath* und *Giersch* in Verbindung mit *Lampert*, Schriften des Vereins für Socialpolitik NF, Bd. 29 (1963), S. 129, sowie ders., Strategie der wirtschaftspolitischen Entscheidung, in Weltwirtschaftliches Archiv, Bd. 99 (1967), S. 52.

A. Gefahrenabwehr und Gefahrenvorsorge

I. Gefahrenabwehr im liberalen Rechtsstaat

Der Wandel vom Polizeistaat zum Rechtsstaat hat im 19. Jahrhundert den Begriff der Gefahrenabwehr als Wahrung der öffentlichen Sicherheit und Ordnung hervorgebracht. Ähnlich wie der liberale Gesetzesbegriff ist er als Gegenposition zu der fast unbegrenzten polizeistaatlichen „Willkür" zu verstehen. Sein Grundprinzip ist das Ethos der individuellen Freiheit. Dabei ist die Gefahrenabwehr, als materieller Begriff, weniger durch gesetzgeberische Entscheidung geprägt worden, als durch eine wechselreiche rechts-politische Entwicklung. Sie beginnt mit der Differenzierung des Staatszwecks in Sicherheits- und Wohlfahrtszweck, wie sie vor allem in § 10 II 17 ALR zum Ausdruck gekommen ist[1]. Sie endet mit der Eliminierung des Wohlfahrtszwecks durch den rechtsstaatlichen Positivismus am Ende des Jahrhunderts.

---

[1] Vgl. *Wilhelm von Humboldt*, Ideen zu einem Versuch die Gränzen der Wirksamkeit des Staates zu bestimmen, in Werke hrsg. von Flitner und Giel, Bd. 1, 1960, S. 70: „Der Zweck des Staats kann nämlich ein doppelter sein; er kann Glück befördern oder nur Übel verhindern wollen, und im letzteren Fall Übel der Natur oder Übel der Menschen. Schränkt er sich auf das letztere ein, so sucht er nur Sicherheit, und diese Sicherheit sei es mir erlaubt, einmal allen übrigen möglichen Dingen unter dem Namen des positiven Wohlstandes vereint entgegenzusetzen." Siehe auch die Vorträge über Recht und Staat von *Carl Gottlieb Svarez* (1746—1798), hrsg. von Conrad und Kleinheyer, 1960, S. 40: „Zu Einschränkungen, welche auf die Abwendung gemeinsamer Gefahren und Beschädigungen abzielen, hat der Staat ein stärkeres Recht als zu solchen, wodurch bloß der Privatwohlstand, die Bequemlichkeit, der angenehme Lebensgenuß pp. befördert werden sollen," (Über das Recht der Polizei V Ziff. 4). Im Unterschied zu Svarez ist von Humboldt für eine strikte Beschränkung des Staates auf den Sicherheitszweck eingetreten; vgl. a.a.O., S. 96: „Wenn ich daher in dem vorigen die Sorgfalt des Staats darum von vielen Dingen entfernt habe, weil die Nation sich selbst diese Dinge gleich tut, und ohne die bei der Besorgung des Staats mit einfließenden Nachteile, verschaffen kann; so muß ich dieselbe aus gleichem Grunde jetzt auf die *Sicherheit* richten, *als das einzige, welches der einzelne Mensch mit seinen Kräften allein nicht zu erlangen vermag*. Ich glaube daher hier als den ersten positiven — aber in der Folge noch genauer zu bestimmenden und einzuschränkenden — Grundsatz aufstellen zu können: daß die Erhaltung der Sicherheit sowohl gegen auswärtige Feinde als innerliche Zwistigkeiten den Zweck des Staats ausmachen und seine Wirksamkeit beschäftigen muß" (vom Verf. hervorgehoben). Siehe außerdem *Johann Stephan Pütter*, der als erster den Sicherheitszweck definiert hat, in Institutiones iuris publici germanici, 1770.

A. Gefahrenabwehr und Gefahrenvorsorge

Die positivistische Verwaltungsrechtslehre ist vor allem durch Otto Mayers „Deutsches Verwaltungsrecht" bestimmt worden. Er entwickelte, im Zeichen der Eliminierung des Wohlfahrtszwecks, die Rechtsformen der Gefahrenabwehr. Während sich die Sachbezogenheit der Polizeiwissenschaft in der Verwaltungslehre fortsetzte, welche die Polizei als Teil der inneren Verwaltung in sich aufnahm, strebte die Verwaltungsrechtslehre der Jahrhundertwende nach einem spezifisch rechtsbezogenen System. Die ersten Lehrbücher des Verwaltungsrechts, die in der zweiten Hälfte des 19. Jahrhunderts erschienen, räumten dem konkreten Wohlfahrtszweck als „Pflege" noch einen eigenen Platz ein[2]. Für den Positivismus hatte der Begriff der Pflege keine rechtsbildende Kraft mehr.

Die Merkmale der neuen Lehre kommen anschaulich in der Besprechung zum Ausdruck, die Laband der von Otto Mayer verfaßten Theorie des französischen Verwaltungsrechts gewidmet hat[3]. Laband kritisiert darin die einschlägigen Lehrbücher, denen eine klare Trennung von Verwaltungsrecht und Verwaltungslehre fehle. Sie erschöpften sich in einem Gemenge von volkswirtschaftlichen, politischen, historischen und technischen Erwägungen, die lediglich nach den einzelnen Verwaltungszweigen aufgegliedert würden. Aufgabe der Verwaltungsrechtslehre sei aber gerade, „die Ablösung und Isolierung der juristischen Tätigkeit, die Abhebung der Rechtsinstitute und der Rechtsbegriffe von der Masse der Beziehungen, welche die Verwaltung darbietet, die Zurückführung der unendlichen und vielgestaltigen Erscheinungen des Lebens auf die typischen Formen, in denen ihr rechtlicher Gehalt sich ausprägt".

Auf dieser Grundlage hat Otto Mayer seine Lehre von der Gefahrenabwehr formuliert[4]. Mittelpunkt der Lehre ist der individuell beherrsch-

---

[2] Siehe z. B. *Loening*, Lehrbuch des Deutschen Verwaltungsrechts, 1884; *Georg Meyer*, Lehrbuch des Deutschen Verwaltungsrechts, 2. Aufl., Teil I, 1893, S. 72: Die Verwaltungsthätigkeiten auf dem Gebiet der inneren Verwaltung zerfallen in zwei große Gruppen; 1. obrigkeitliche Thätigkeiten, d. h. solche, welche sich in der Ausübung von Herrschaftsrechten äußern; diese sind ihrem Wesen nach staatliche Funktionen. Sie können daher nur von staatlichen Organen oder von Personen und Korporationen ausgeübt werden, denen die Befugnis dazu durch staatliche Autorisation übertragen ist. Sie treten in der Form der Verordnung und Verfügung auf... 2. fürsorgende Thätigkeiten, d. h. solche, welche die Förderung des Einzelnen und der Gesamtheit durch Gewährung von Unterstützung und Errichtung allgemeiner Anstalten bezwecken. Den Inbegriff dieser Thätigkeiten faßt man unter dem Begriff der staatlichen Pflege zusammen.
[3] *Laband*, in Archiv für Öffentliches Recht, Bd. 2 (1887), S. 149.
[4] *Otto Mayer*, Deutsches Verwaltungsrecht, 2 Bde., 1895 und 1896, insbes. Bd. 1, S. 245: Die Polizeigewalt; (vgl. auch ders., Deutsches Verwaltungsrecht, 3. Aufl. 1923, S. 203). Zur Gesamtentwicklung des Polizeibegriffs siehe *Rosin*, Der Begriff der Polizei und der Umfang des polizeilichen Verfügungs- und Verordnungsrechts in Preußen, in Verwaltungsarchiv Bd. 3 (1895), S. 249; *Wolzendorff*, Die Grenzen der Polizeigewalt, 2. Teil: Die Entwicklung des

bare Lebenskreis des Einzelnen. Die Polizei hat es mit den „Störungen der guten Ordnung des Gemeinwesens aus dem Einzeldasein" zu tun[5]. Der Lebenskreis des Einzelnen umfaßt dabei nicht nur sein persönliches Verhalten, sondern auch den Zustand seiner Einrichtungen, z. B. seines Gewerbebetriebes. Der Wohlfahrtszweck ist grundsätzlich ausgeschlossen. Dies erleichtert einmal die Zurechnung der Störung auf den Einzelnen hin. Außerdem ist es auf solche Weise möglich, die Mittel der Gefahrenabwehr weitgehend zu formalisieren. Doch wird im Verhältnis von Zweck und Mittel der konkrete Zweck nicht schlechthin ignoriert. Mayer weist vielmehr darauf hin, daß die Rechtsformen auch durch den Zusammenhang mit einer „allgemeinen Art von Zweck" ihre Eigenart erhalten könnten[6].

Den Schwerpunkt seines Polizeirechts legt Otto Mayer auf die Rechtsformen der Gefahrenabwehr. Das kommt schon in der Gliederung dieses Abschnitts zum Ausdruck. Neben dem Polizeibegriff und den Grenzen der Polizeigewalt werden hier vor allem der Polizeibefehl, die Polizeierlaubnis, die Polizeistrafe und der Polizeizwang behandelt. Für den Polizeibefehl hebt Mayer den Grundsatz der Gesetzmäßigkeit der Verwaltung hervor. Der Staat soll auch auf dem Gebiet der Polizei möglichst durch Gesetz oder Verordnung handeln und die „Willkür des Einzelakts" vermeiden. Doch läßt die Begründung der Polizeipflicht als natürliche Untertanenpflicht auch die freie Erzeugung der polizeilichen Verfügung zu. Dies soll jedoch nur dann in Betracht kommen, wenn die Störung nicht vorauszusehen war. Im übrigen soll die Polizeiverfügung nur der Anwendung von Rechtssätzen dienen, indem sie ausspricht, was rechtens ist. Seinem Vorrang entsprechend, kann der Polizeirechtssatz auch nicht durch eine Verfügung durchbrochen werden. Gesetz und Verordnung können jedoch als Polizeiverbot mit Erlaubnisvorbehalt eine entsprechende Ermächtigung vorsehen. Ist die Polizeierlaubnis erteilt, so kann sie mit Rücksicht auf den Begünstigten nur unter bestimmten Voraussetzungen zurückgenommen werden. Hinsichtlich des Polizeizwangs unterscheidet Mayer schließlich zwischen der polizeilichen Zwangsvollstreckung und dem unmittelbaren Zwang. Die polizeiliche Zwangsvollstreckung, als das „geordnete Verfahren zur Durchsetzung eines nicht befolgten Polizeibefehls", hat den Vorrang vor dem unmittelbaren Zwang[7]. Das Rechtsverhältnis zwischen Staat und Störer wird so

---

Polizeibegriffs im 19. Jahrhundert, 1906. Aus der neueren Literatur siehe *Franz Mayer*, Die Eigenständigkeit des bayerischen Verwaltungsrechts dargestellt an Bayerns Polizeirecht, 1958; *Hans Maier*, Die ältere deutsche Staats- und Verwaltungslehre, 1966.

[5] a.a.O., 1. Bd., 3. Aufl., S. 209 und 213.
[6] a.a.O., 1. Bd., 1. Aufl., S. 249 („deshalb muß man wohl zusehen, bevor man alles abstreift.")
[7] a.a.O., 1. Bd., 3. Aufl., S. 271.

nach der Willenssphäre der beiden Rechtssubjekte sorgfältig abgegrenzt. Die Staatsgewalt erscheint in ihrer ganzen Einseitigkeit, wie es Mayer selbst formuliert, d. h. im Sinne strenger Trennung von Staat und Gesellschaft. Sie zeigt sich aber auch in einer Einfachheit, die möglichst große Rechtssicherheit gewährleistet.

II. Gefahrenvorsorge im sozialen Rechtsstaat

Der Wandel zum Sozialstaat läßt die Gefahrenvorsorge entstehen. Sie ist auf wirtschaftliche Existenzsicherheit gerichtet. Der Sozialstaat, der zugleich der Staat der hochindustriellen Epoche ist, sieht sich einem neuartigen System wirtschaftlicher Lebensbedingungen gegenüber, die für den Einzelnen nicht mehr beherrschbar sind. Sie verlangen umfangreiche Vorkehrungen der Daseinssicherung. Forsthoff hat die Funktionen, die sich hieraus für den Staat ergeben, als Daseinsvorsorge bezeichnet[8]. Daseinsvorsorge ist auch die Gefahrenvorsorge, wie sie sich seit der Jahrhundertwende, beschleunigt durch Krieg und Krisen, entwickelt hat. Sie ist Lenkung zum Zweck wirtschaftlicher Daseinssicherung. Ihr Grundprinzip ist die solidarische Verantwortung[9]. Diese verteilte Verantwortung ist es auch, die den neuen Sachverhalt prägt, der als soziale Situation in die Rechtsordnung eingeht. Die solidarische Verantwortung verleiht ihm, über seine technisch-rationale Struktur hinaus, die normative Gestalt: als gemeinsame Lage. Die gemeinsamen Lagen sind das Gegenstück zu dem durch das Freiheitsethos bestimmten, dem Einzelnen unmittelbar zurechenbaren Individualsachverhalt. Sie sind soziale Situationen unter solidarischer Verantwortung.

Forsthoff wendet sich in seiner Schrift „Die Verwaltung als Leistungsträger" gegen die positivistische Verwaltungsrechtslehre, da ihre primäre Orientierung an Freiheit und Eigentum des Bürgers, also am individuell beherrschbaren Bereich, den Aufgaben der modernen Verwaltung nicht gerecht werde. Den Individualfreiheiten, in deren Zeichen die industrielle Entwicklung begonnen habe, entspreche eine individuelle Daseinsverantwortung. Diese habe aber zur Voraussetzung, daß die

---

[8] *Forsthoff*, Die Verwaltung als Leistungsträger, 1938, hier zitiert nach dem Neudruck in Rechtsfragen der leistenden Verwaltung, 1959. Siehe dort auch die Einleitung: Die Daseinsvorsorge in heutiger Sicht; vgl. ferner ders., Verfassungsprobleme des Sozialstaats, 1954.

[9] Siehe die Charakterisierung der Daseinsvorsorge durch *Wieacker* in seinem Beitrag zur Festschrift Deutscher Juristentag, Bd. 2, 1960, S. 10: „In der Erweiterung der Verwaltungsaufgabe von der Gefahrenabwehr zur Gewährleistung der physischen Existenzbedingungen der Einzelnen kommt die gleiche Veränderung des Ethos von der Freiheit zur solidarischen Verantwortung zum Ausdruck wie im Begriff der Sozialstaatlichkeit."

Daseinssicherung entweder im beherrschten Raum gegeben oder durch eine reibungslos funktionierende Appropriation der Lebensgüter wenigstens als Möglichkeit gewährleistet sei[10]. Forsthoff unterscheidet zwischen dem effektiven und dem beherrschten Lebensraum des Einzelnen. Dabei ist es bezeichnend, daß er für den beherrschten Raum Beispiele aus der Agrargesellschaft wählt wie Haus, Hof, Acker, Werkstatt. Diesem Bereich stellt er die weiträumige Lebensweise der industriellen Gesellschaft gegenüber. Das ist der effektive Lebensraum, der sich mit der industriell-technischen Entwicklung ständig erweitert hat, der aber gleichzeitig unter den Bedingungen einer arbeitsteiligen Umwelt die Angewiesenheit des Einzelnen auf Staat und Gesellschaft, seine soziale Bedürftigkeit, wachsen läßt.

Aus der Diskrepanz zwischen individuell beherrschbarem und effektivem Lebensraum ergeben sich vielfältige Sicherungsbedürfnisse. Sie werden zum Teil von der Gesellschaft selbst befriedigt. Doch übt auch der Staat in hohem Maße ökonomische Sicherungsfunktionen aus. Hierzu zählt Forsthoff in seiner Untersuchung vor allem die „Darbringung von Leistungen, auf welche der in die modernen massentümlichen Lebensformen verwiesene Mensch lebensnotwendig angewiesen ist"[11]. Er versteht darunter die umfangreichen Versorgungs- und Verkehrsleistungen, die seit der Jahrhundertwende auf Staat und Gemeinde übergegangen sind. Forsthoff will die Teilhabe des Einzelnen an solchen Leistungen rechtlich gewährleistet sehen. Heute ist neben diese Art der Leistung, die Lenkung zum Zweck wirtschaftlicher Existenzsicherung getreten. Die Daseinsvorsorge gliedert sich dementsprechend in zweifacher Weise auf. Nach der Art des Mittels betrachtet, in die leistende und lenkende Vorsorge. Nach dem verfolgten Zweck bestimmt, der letztlich maßgebend ist, in unmittelbare Bedarfsvorsorge[12] und Gefahrenvorsorge. Der effektive Lebensraum kann nicht als gesichert vorausgesetzt werden, so daß nur noch die Gewährleistung der Teilhabe an bestimmten Leistungen notwendig wäre. Er ist vielmehr bedingt durch

---

[10] a.a.O., S. 26.

[11] a.a.O., S. 27; das Kriterium der Lebensnotwendigkeit wird heute, auch von Forsthoff, nicht mehr angewendet, da es für eine generelle Definition der Daseinsvorsorge zu eng ist. Als weitere Funktionen führt Forsthoff an: „Die Gewährleistung eines angemessenen Verhältnisses von Lohn und Preis", und „die *Lenkung* des Bedarfs, der Erzeugung und des Umsatzes" (vom Verf. hervorgehoben). In seinen folgenden Ausführungen hat sich Forsthoff jedoch im wesentlichen auf die Erörterung von Leistung und Teilhabe beschränkt.

[12] Aus der neueren Literatur siehe dazu *Badura*, Die Daseinsvorsorge als Verwaltungszweck der Leistungsverwaltung und der soziale Rechtsstaat, in DÖV 1966, S. 624 (hier wird besonders der Wandel in der Betrachtungsweise der Daseinsvorsorge — vom Mittel zum Zweck — behandelt); siehe außerdem *Rüfner*, Formen öffentlicher Verwaltung im Bereich der Wirtschaft, Untersuchungen zum Problem der leistenden Verwaltung, 1967.

die wechselnden wirtschaftlichen Lagen, von denen Staat *und* Gesellschaft abhängig sind.

Die Gefahrenvorsorge unterscheidet sich von der Gefahrenabwehr im Sinne der herkömmlichen Verwaltungsrechtslehre zunächst durch die Art des geregelten Sachverhalts. Die Gefahrenabwehr ist in erster Linie auf Verhalten und Verfügungsgewalt des Einzelnen eingestellt. Lediglich im Ausnahmezustand und im heute so genannten außergewöhnlichen Einsatz hat sie nicht-individuelle Situationen zu bewältigen. Bei der Gefahrenvorsorge steht demgegenüber die Situation im Vordergrund. Die Gefahrenvorsorge hat es, wie jede Lenkung, mit komplexen Lagen zu tun, d. h. mit Gruppen- oder Massensachverhalten, die als Wirkungszusammenhang in die Rechtsordnung aufgenommen werden. Diese Eigenart des Lenkungssachverhaltes führt, im Vergleich zur Gefahrenabwehr, zu einer wesentlich verschiedenen Betrachtungsweise. Im Gegensatz zur Gefahrenabwehr muß sich die Gefahrenvorsorge mit Größen und Kräften auseinandersetzen, die sie nicht voll beherrschen kann. Die Komplexität des Sachverhalts bedingt eine mehr oder weniger große Wirkungsunsicherheit der einschlägigen Maßnahmen. Eine Identifizierung von Zweck und Wirkung, wie sie für die Gefahrenabwehr typisch ist, kann daher nicht vorausgesetzt werden. Dies ist sowohl für den Entscheidungsvorgang als auch für die Nachprüfung der Entscheidung von wesentlicher Bedeutung. Andererseits versucht die Gefahrenvorsorge, weit stärker als die Gefahrenabwehr, in die Zeit hineinzuwirken. Das erfordert eine entsprechende Beobachtung und Vorausschau, die das Gegenstück der Überwachung im Rahmen der Gefahrenabwehr bildet.

Die Unterscheidung von Individualsachverhalt und Lage trennt außerdem Gefahrenvorsorge und Fürsorge. Die Fürsorge, in ihrer heutigen Ausprägung als soziale Hilfe, ist ausschließlich auf den Einzelnen gerichtet. Individuelle Bedürftigkeit und allgemeine Notlage sind geschieden. Gerade die Entwicklung der staatlichen Hilfe zeigt aber auch die Eigenart nicht-individueller Sachverhalte. Schon von Mohl hatte seiner Erörterung der „Hilfe des Staates bei schwieriger Befriedigung der notwendigen Lebensbedürfnisse" die Verschiedenheit der Einzel-Armut, etwa durch Unglücksfall, Krankheit oder eigenes Verschulden, und der Massen-Armut zugrunde gelegt[13]. Dabei stand, der besonderen Bedeutung der Arbeiterfrage entsprechend, die Massen-Armut im Vordergrund. Mohl definierte sie als die Dürftigkeit, „welche ganze Klassen der Gesellschaft ausnahmslos trifft, und zwar ohne Schuld des Einzelnen". Auf diese Weise hat Mohl bereits damals den nicht-individuellen Sachverhalt als typische Erscheinungsform des industriellen Systems

---

[13] *von Mohl*, Die Polizei-Wissenschaft nach den Grundsätzen des Rechtsstaats, 1. Bd., 3. Aufl., 1866, S. 352.

II. Gefahrenvorsorge im sozialen Rechtsstaat

umschrieben, der, unabhängig von der Armut, weite Teile der zukünftigen Rechtsordnung bestimmen wird. Mohl stützte sich dabei auf die zeitgenössische Literatur zum Pauperismus. Die „Lage der arbeitenden Klassen"[14], wie sie im Pauperismus ihren Niederschlag gefunden hat, war jedoch nur die erste Erscheinungsform des neuen Sachverhalts, der in der heutigen Wohlfahrtsökonomie vielfache Dimensionen annimmt. Sie zeigen sich in der „gesamtwirtschaftlichen Lage" im Sinne des Gesetzes über den Sachverständigenrat ebenso, wie etwa in der „Lage der Landwirtschaft" nach dem Landwirtschaftsgesetz oder der „Lage der Verkehrswirtschaft" nach dem jüngsten verkehrspolitischen Programm.

Die gemeinsame Lage ist aber nicht nur negativ als nicht-individueller Sachverhalt zu charakterisieren. Sie ist darüber hinaus positiv zielbestimmt. Für die Gefahrenvorsorge tritt damit das zweite Unterscheidungsmerkmal zur Gefahrenabwehr hervor, der verfolgte Zweck in seiner Eigenart als Lenkungsziel. Lage und Ziel[15] bilden die Grundelemente der modernen gestaltenden Verwaltung. Gemeinsame Lagen sind also individuell nicht beherrschbare und daher dem Einzelnen auch nicht unmittelbar zurechenbare Massen- oder Gruppensachverhalte, die als Wirkungszusammenhang in die Rechtsordnung eingeführt werden, um sie unter bestimmten sozial-politischen Zielen zu verändern. Diese Ziele sind nicht reiner Rechtszweck wie der Zweck im Sinne der

---

[14] *Engels*, Die Lage der arbeitenden Klassen in England, 1845.

[15] Zum Verhältnis von Lage und Ziel in der Nationalökonomie siehe *Pütz*, Die wirtschaftspolitische Konzeption, in Zur Grundlegung wirtschaftspolitischer Konzeptionen, Schriften des Vereins für Socialpolitik NF, Bd. 18, 1960, S. 11, sowie besonders *Jöhr* und *Singer*, Die Nationalökonomie im Dienste der Wirtschaftspolitik, 2. Aufl., 1964, S. 40 und 54. Siehe ferner die Parallelen zwischen Lenkung und militärisch-strategischer Entscheidungstheorie unter dem Gesichtspunkt der Lage; dazu *von Schlieffen*, Begriff und aktuelle Elemente militärischer Planung, in Planung II, hrsg. von Kaiser, 1966, S. 39; vgl. dort auch *Kern*, Skizzen zur Methodik und zum System der Planung, a.a.O., S. 351.
Die Bedeutung der sozialen Ziele für das rechtliche Verständnis der Lenkung betont *Scheuner* in den Leitsätzen seines Referats, Die staatliche Intervention im Bereich der Wirtschaft, in VVDStRL, Heft 11, 1954, S. 67. Er definiert die staatliche Wirtschaftslenkung als eine Gestaltung, „die sich nicht mit einer polizeilich-überwachenden Funktion begnügt, sondern unter bestimmten politisch-sozialen Zielen der Förderung oder auch der Umgestaltung in Erzeugung und Verteilung wie auch in die rechtlichen und sozialen Grundlagen der Wirtschaft eingreift..."; aus der neueren Literatur siehe dazu *Ehmke*, Wirtschaft und Verfassung, 1961; *Scheuner*, Verfassungsrechtliche Grundlagen der staatlichen Wirtschaftspolitik, in Jahresbericht der Gesellschaft von Freunden und Förderern der Rheinischen Friedrich-Wilhelm-Universität zu Bonn e. V., 1963, S. 22; *Bülck*, Wirtschaftsverfassungs- und Wirtschaftsverwaltungsrecht in nationaler und übernationaler Sicht, in Schriftenreihe der Hochschule Speyer, Bd. 22, 1964, S. 15; *Zacher*, Aufgaben einer Theorie der Wirtschaftsverfassung, in Wirtschaftsordnung und Rechtsordnung, Festschrift für Franz Böhm, 1965, S. 60; *Ipsen*, Rechtsfragen der Wirtschaftsplanung, in Planung II, a.a.O., S. 63.

liberalen Rechtsstaatstheorie, sondern sozialer Sachzweck[16]. Rechtszweck und Rechtsziel haben somit verschiedene Bedeutung. Rechtszwecke gelten, und zwar unmittelbar für den Einzelnen. Rechtsziele müssen — gemeinsam — verwirklicht werden. Ziel der Gefahrenvorsorge ist die wirtschaftliche Daseinssicherung. Darunter wird, wie bereits erwähnt, jenes Mindestmaß an wirtschaftspolitischer Lenkung verstanden, das für die Existenz von Staat und Gesellschaft in einer freiheitlich-sozialen Ordnung erforderlich ist. Die Gefahrenvorsorge tendiert also zur Notwendigkeit der Dinge. Sie ist eine besondere Ausprägung der „necessitas", wie sie in jeder Verfassungsform neu erfahren, reflektiert und rechtlich durchdrungen werden muß[17].

Der so verstandenen Gefahrenvorsorge kommt doppelte Bedeutung zu. Als Minimum-Definition der Lenkung trägt sie dazu bei, *rechtsstaatliche* Anforderungen zu erfüllen. Sie ermöglicht es, Generalklauseln oder ähnlich weite Ermächtigungen als gesetzliche Grundlage der Lenkung vorzusehen, ohne in die Uferlosigkeit eines unkonturierten Wohlfahrtszwecks zu geraten. Eine allgemeine Generalklausel, wie bei der Gefahrenabwehr, würde allerdings zu weit führen. Die Ermächtigungen müssen daher nach dem jeweiligen Sachbezug, d. h. nach wirtschaftlichen Größen bzw. Bereichen, differenziert sein. Die Gefahrenvorsorge hat aber nicht nur rechtsstaatliche, sondern auch *sozialstaatliche* Bedeutung. Im Unterschied zur Gefahrenabwehr schützt die Gefahrenvorsorge gerade den wirtschaftlich Schwächeren. Dabei bleibt der Schutz nicht dem Recht des Ausnahmezustandes überlassen, wie es z. B. in der Weltwirtschaftskrise der Fall war. Er wird vielmehr in den Normalzustand des Sozialstaats integriert, indem ihm die Gefahrenvorsorge eigene Gestalt verleiht.

Im übrigen soll die Lenkung dadurch nicht auf das Ziel wirtschaftlicher Existenzsicherheit beschränkt werden. Die Gefahrenvorsorge, als Stabilisierung der Wirtschaftslage, ist lediglich eine Mindestfunktion des Sozialstaats. Sie kann durch die reformierende Lenkung ergänzt werden, die auf eine wesentliche Umgestaltung der Verhältnisse gerichtet ist. Neben das Notwendige tritt dann das Wünschenswerte. Doch müssen stabilisierende und reformierende Lenkung unterschieden werden. Erst an dieser Nahtstelle vollzieht sich der Übergang von der einfachen Lenkungsstrategie zum Zukunftsplan. Während die Gefahrenvorsorge weit-

---

[16] Vgl. *Badura*, Verwaltungsrecht im liberalen und sozialen Rechtsstaat, 1966.

[17] Vgl. dazu *Krüger*, Allgemeine Staatslehre, 1964, § 6, Die Bedeutung der neuzeitlichen „Lagen" für die moderne Staatlichkeit, I. Der Gedanke der „Notwendigkeit". Zum Unterschied zwischen postulierter und geprüfter Notwendigkeit siehe besonders *Jonas*, Technik als Ideologie, in Technik im technischen Zeitalter, Stellungnahmen zur geschichtlichen Situation, 1965, S. 135.

II. Gefahrenvorsorge im sozialen Rechtsstaat

gehend ein offenes Wahrscheinlichkeitssystem darstellt, ähnlich der „allgemeinen" Regulierung durch Gesetz und Geld, tendiert die reformierende Lenkung dazu, die Geschehensabläufe planmäßig festzulegen. Der Lenkungszweck nähert sich mehr oder weniger letzten Daseinszwecken des Einzelnen. Die Lenkung bedarf daher einer eigenen rechtlichen Ordnung und Begrenzung[18]. — Stabilität und Reform — als Ziele des Sozialstaats spiegeln sich so auch im Dualismus der modernen Lenkung wider.

---

[18] Vgl. *Scheuner*, Verfassungsrechtliche Probleme einer zentralen staatlichen Planung, in Planung I, hrsg. von *Kaiser*, 1964, S. 67; *Ipsen*, Rechtsfragen der Wirtschaftsplanung, a.a.O., S. 63; *Arndt*, Die Figur des Plans, in Säkularisation und Utopie, Ernst Forsthoff zum 65. Geburtstag, 1967, S. 119.
Zu den Leitbildern der spezifisch zielbetonten reformierenden Lenkung siehe die Beispiele aus der Raumordnung und -planung. Im übrigen wird dort wiederum zwischen der notwendigen Sicherung (etwa in den sog. Notstandsgebieten) und der wünschenswerten Gestaltung unterschieden, wenn auch Sicherung und Umgestaltung dabei enger zusammenhängen. Näheres siehe in den Raumordnungsberichten der Bundesregierung 1963, 1966 und 1968. Vgl. auch *Roth*, Lage, Ziel und Maßnahme — als Grundbegriffe gestaltender Verwaltung (erscheint demnächst).

B. Allgemeine Stabilisierung

Die Lenkung zum Zweck wirtschaftlicher Daseinssicherung zeigt sich als allgemeine und besondere Stabilisierung. Die „allgemeine" Stabilisierung ist in erster Linie auf gesamtwirtschaftliche Größen gerichtet. Hierin unterscheidet sie sich von der besonderen Stabilisierung, die auf teilwirtschaftliche Bereiche beschränkt und zugleich stärker individualisiert ist. Hauptbeispiel für die allgemeine Stabilisierung ist die konjunkturelle Lenkung. Sie geht zwar allmählich in eine umfassend verstandene Entwicklungslenkung über, doch geht sie darin nicht auf, sondern bildet in ihrer Auseinandersetzung mit spezifischen Gefahren der Funktionsstörung in einem sekundären Wirtschaftssystem einen eigenen Bereich. Dabei wird zugleich das Wesen der Stabilisierung deutlich — als Antwort auf die Labilität des Industriesystems, die die Kehrseite seiner Dynamik ist. Unter diesem Gesichtspunkt ist die Konjunkturlenkung auch in die neuere Staatslehre eingegangen. Krüger[1] sagt dazu, es sei nicht Aufgabe einer Staatslehre, eine Konjunkturtheorie vorzulegen, doch müsse das Phänomen Konjunktur erkannt werden, nämlich, „daß diese Konjunktur etwas außerordentlich Labiles ist und daß diese Labilität sich unmittelbar auf Produktivität und Beschäftigung, mittelbar auf Gesellschaft und Staat, bis zur Existenzgefährdung hin auswirken kann. Diese Feststellung reicht aus, um die Konjunktur und ihre Bewegungen, gleichgültig ob sie sich willkürlich oder ‚zyklisch' vollziehen, zu einem Thema von hoher gesellschaftlicher und staatlicher Bedeutung zu stempeln".

Die Entwicklung der allgemeinen Stabilisierung beginnt in den Krisenzeiten nach dem Ersten Weltkrieg, vor allem in der Weltwirtschaftskrise[2]. Krisen und Mißstände fordern das „Notwendige" heraus. Sie sind daher in der Regel der Entstehungsgrund in der geschichtlichen Entwicklung stabilisierender Lenkung. Die „Große Krise" der dreißiger Jahre führt darüber hinaus zu der entscheidenden Zäsur, die den Glauben an die Selbststeuerung und Selbstheilung der Wirtschaft enden und

---

[1] Vgl. *Krüger*, Staatslehre, a.a.O., S. 588.

[2] Vgl. *Schmölders*, Konjunkturen und Krisen, 1955; *Kroll*, Von der Weltwirtschaftskrise zur Staatskonjunktur, 1958; *Predöhl*, Das Ende der Weltwirtschaftskrise, 1962; *Stucken*, Deutsche Geld- und Kreditpolitik (1914—1963), 3. Aufl., 1964. Vgl. ferner Die Staats- und Wirtschaftskrise des Deutschen Reichs 1929/33, hrsg. von *Conze* und *Raupach*, 1967.

die moderne Wirtschaftslenkung beginnen läßt. Es liegt daher nahe, daß zu dieser Zeit die Lage, als individuell nicht beherrschbarer Sachverhalt, in vielfacher Weise hervortritt. Das zeigt sich auch in den einschlägigen Gesetzen. So hatte sich z. B. der Reichskommissar für das Bankwesen laufend „über die Lage des deutschen Bankgewerbes" zu unterrichten, die vierte Notverordnung des Reichspräsidenten zur Sicherung von Wirtschaft und Finanzen sah die „Anpassung gebundener Preise an die veränderte Wirtschaftslage" vor, die Anpassung bestimmter Gesetze „an die veränderte Lage von Wirtschaft und Finanzen" war Gegenstand der sog. Anpassungsverordnung, die gleichzeitig die Bekämpfung der „Notlage der Binnenschiffahrt" vorsah, und schließlich hatte die Reichsregierung bestimmte Zollsätze herauf- oder herabzusetzen, „wenn die Entwicklung der Wirtschaftslage es erfordert"[3].

Die Große Krise hat jedoch noch nicht zu spezifischen Rechtsgrundlagen der allgemeinen Stabilisierung geführt. Dazu sind lediglich Ansätze in Form von ad hoc-Maßnahmen, z. B. zur Steuererleichterung, festzustellen. Im übrigen wurde die Stabilisierung zunächst als Gefahrenabwehr behandelt, allerdings als Gefahrenabwehr im Ausnahmezustand, denn nur insoweit konnte die wirtschaftliche Lage berücksichtigt werden. So beruhen die Stabilisierungsmaßnahmen in der Weltwirtschaftskrise im wesentlichen auf der Ausnahme-Ermächtigung des Art. 48 WRV, wonach der Reichspräsident die nötigen Maßnahmen treffen konnte, „wenn im deutschen Reiche die öffentliche Sicherheit und Ordnung erheblich gestört oder gefährdet wird". Auf dieser Grundlage hat sich die allgemeine Stabilisierung vor allem in den vier Notverordnungen „zur Sicherung von Wirtschaft und Finanzen" niedergeschlagen[4]. Gefahrenabwehr und Stabilisierung sind in denselben Verordnungen vielfach verbunden. Sicherung des Haushalts, Arbeitslosenhilfe, Handels- und Wirtschaftspolitik, Schutz des inneren Friedens ergeben ein buntes Bild.

Sachlich bleibt die Stabilisierung in der Weltwirtschaftskrise weitgehend auf eine Anpassung an die veränderte Lage beschränkt. Die einzelnen Maßnahmen stehen im Zeichen einer betonten Deflationspolitik,

---

[3] § 3 der Verordnung des Reichspräsidenten über Aktienrecht, Bankenaufsicht etc. (RGBl. 1931 I, S. 502); Kapitel I der 4. Verordnung des Reichspräsidenten zur Sicherung von Wirtschaft und Finanzen und zum Schutze des inneren Friedens (RGBl. 1931 I, S. 700); 1. und 3. Teil der Verordnung des Reichspräsidenten zur Anpassung einiger Gesetze und Verordnungen an die veränderte Lage von Wirtschaft und Finanzen (RGBl. 1931 I, S. 779 und 783); Kapitel II, Art. 1 der Verordnung des Reichspräsidenten zur Sicherung von Wirtschaft und Finanzen von 1930 (RGBl. 1930 I, S. 601).
[4] RGBl. 1930 I, S. 517; RGBl. 1931 I, S. 279, 537, 699. Vgl. dazu *Scheuner*, Die Anwendung des Art. 48 der Weimarer Reichsverfassung unter den Präsidentschaften von Ebert und Hindenburg, in Staat, Wirtschaft und Politik in der Weimarer Republik, Festschrift für Heinrich Brüning, 1967, S. 249.

die im übrigen der Krise ihren „natürlichen" Verlauf läßt. Brüning erklärte z. B. noch 1932 in einer Erwiderung auf die Regierungserklärung seines Nachfolgers Papen: „Bei seinem Amtsantritt vor mehr als zwei Jahren fand das Kabinett Brüning eine gewaltige schwebende Schuld vor. Dazu kam eine Weltwirtschaftskrise, die sich von Monat zu Monat verschärfte, die Währungen zerrüttete und für das durch Kriegsverlust und Kriegsfolgen ohnehin geschwächte Deutschland besonders scharfe Wirkungen haben mußte. In einer Zeitspanne, in welcher die Außenhandelsumsätze der Welt von 31 Milliarden Dollar auf rund 15 Milliarden Dollar herabsanken und als automatische Folge eine ungeheure Arbeitslosigkeit in der gesamten Kulturwelt bewirkten, war es — wie immer die Zusammensetzung einer Regierung sein mochte — unmöglich, die deutsche Volkswirtschaft von dieser rückläufigen Bewegung abzuriegeln. Andere Staaten haben in den letzten Jahren entweder von Reserven gelebt, die Deutschland fehlten, oder neue Schulden großen Stils gemacht, was für Deutschland sachlich falsch und praktisch ausgeschlossen war", und an anderer Stelle: „In dieser Lage haben wir in den Jahren 1930 bis 1932 die Ausgaben von Reich, Ländern, Gemeinden und Sozialversicherungen um mehr als 6 Milliarden RM gedrosselt. ... Die tatsächliche Anpassung an die Armut der Nation ist weitestgehend erfolgt und in dem Haushalt jedes einzelnen fühlbar geworden[5]." Diese Anpassung zeigt sich vor allem in den bereits erwähnten Notverordnungen zur Sicherung von Wirtschaft und Finanzen. Maßnahmen zur aktiven Veränderung der Lage sind dagegen nur in Ansätzen zu verzeichnen. Beispiele dazu sind die Verordnung zur Belebung der Wirtschaft[6], die bestimmte Steuervergünstigungen in der Form von Steuergutscheinen einführte, sowie die Erweiterung des Instrumentariums der Reichsbank durch die Bankgesetznovelle[7], die die Befugnis zur Offenmarktpolitik vorsah, d. h. die Ermächtigung der Reichsbank, zur Regelung des Geldmarktes bestimmte Wertpapiere zu kaufen und zu verkaufen. Außerdem sind hier die finanzpolitischen Maßnahmen zur Arbeitsbeschaffung zu erwähnen[8]. Sie gehören jedoch zur Lenkung der öffentlichen Haushalte, die rechtlich einen Sonderbereich bildet.

Die Lenkung der Privatwirtschaft, die hier in erster Linie behandelt wird, ist in der Weltwirtschaftskrise besonders als Preislenkung aufgetreten. Damit setzt sich eine Entwicklung fort, die bereits während des Ersten Weltkrieges begonnen hatte. Die Preispolizei, im Sinne individueller Mißbrauchsbekämpfung, tritt in der Not- und Krisenlage hinter der Preislenkung zurück. Zu Beginn des Ersten Weltkriegs hielt der

---

[5] Zitiert bei *Kroll*, a.a.O., S. 363 f.
[6] RGBl. 1932 I, S. 425; dazu *Stucken*, a.a.O., S. 118 ff.
[7] RGBl. 1933 II, S. 827.
[8] Vgl. *Kroll*, a.a.O., S. 407 ff.

Staat noch an dem aus der liberalen Epoche überkommenen Marktpreis fest. Er wollte lediglich die in den Kriegsverhältnissen gefährdete Verkehrssicherheit gewährleisten, indem er Preismißbräuche bekämpfte. Man versuchte, der Ausnutzung der Lage durch den Einzelnen zu begegnen. Die Preisregulierung war noch ganz im liberalen Sinne punktuell angelegt. Diese Haltung kam vor allem im Höchstpreisgesetz von 1914 zum Ausdruck. Danach konnten örtlich Höchstpreise für Gegenstände des täglichen Bedarfs angeordnet werden. Das Gesetz sollte übertriebene hohe Preissteigerungen durch „spekulative oder unlautere Machenschaften Einzelner" verhindern[9]. Es stellte sich jedoch alsbald heraus, daß es nicht möglich war, die „Versorgungslage" auf diese Weise zu bewältigen. Die Höchstpreisgesetzgebung wurde daher weitgehend von einem umfassenden Bewirtschaftungssystem abgelöst.

In der Weltwirtschaftskrise mündete das Preisrecht zwar nicht in ein Bewirtschaftungssystem ein, doch läßt sich auch hier deutlich der Unterschied zwischen Preispolizei und Preislenkung feststellen, wobei wiederum die Preislenkung im Vordergrund steht. Ein typisches Beispiel dafür ist die in der 4. Notverordnung zur Sicherung von Wirtschaft und Finanzen von 1931 enthaltene Preissenkungs-Aktion[10]. Hier sollten durch ein weit verteiltes gemeinsames Opfer die Kosten gesenkt und damit die Überwindung der Krise beschleunigt werden. Im Rahmen dieser Aktion setzte man zunächst bestimmte Grundstoffpreise herab, besonders bei der Kohle. Die von dem Reichskohlenrat zuletzt veröffentlichten Preise wurden um 10 % gesenkt. Dasselbe galt für die privatwirtschaftlich gebundenen Preise. Die Regierung ging dabei davon aus, daß diese Preise der durch die Depression bedingten „natürlichen" Senkungstendenz bisher stärker widerstanden hatten als die nichtgebundenen Preise. Die Mieten, soweit sie dem Reichsmietengesetz unterlagen, wurden um 10 % der Friedensmiete ermäßigt. Mit Rücksicht auf diese Ermäßigung und zur Senkung der Kreditkosten war damit zugleich eine Zinssenkung für langfristige Geldanlagen verbunden. Nachdem die Regierung auf diese Weise eine erhebliche Preissenkung gewährleistet sah, griff sie schließlich auch in die bestehenden Tarifverträge ein. Die Lohn- und Gehaltssätze der laufenden Tarifverträge wurden auf den Stand des Jahres 1927 zurückgeführt.

Bei alledem hat die Regierung nicht etwa die vielfältigen Zusammenhänge im Sinne einer Preispolizei nach den Kriterien von Störung und Störer individuell aufgegliedert. Sie ging vielmehr von einer generellen

---

[9] Vgl. RGBl. I S. 339 sowie die amtliche Begründung in Verhandlungen des Reichstags, 13. Legislaturperiode, Anlagen zu den Sten. Berichten Nr. 14, S. 2; vgl. auch *Heinrich Lehmann*, Wucher und Wucherbekämpfung im Krieg und Frieden, 1917.
[10] Dazu *Wolff*, Die Preissenkungsverordnung, 1932; *Kroll*, a.a.O., S. 367 f.

Beurteilung des Preisniveaus in den verschiedenen Bereichen aus, die sie wiederum zueinander in Beziehung setzte. Die Anpassung an die veränderte Lage, als Lenkung eines Wirkungszusammenhangs, tritt damit anschaulich in Erscheinung. Hedemann hat im Zusammenhang mit der Preissenkungsaktion von dem großen Zauberwort der Gleichzeitigkeit gesprochen[11]. „Gleichzeitige Senkung der Löhne und Gehälter, der Zinsen, der Mieten und der Preise. Man muß das zusammendenken...".

Während die allgemeine Stabilisierung in ihren Anfängen noch von der Wahrung der öffentlichen Sicherheit und Ordnung im Ausnahmezustand umfaßt ist, wird sie nach dem Zweiten Weltkrieg ausdrücklich von der Ausnahme-Ermächtigung geschieden. Sie erhält eigene Rechtsgrundlagen, die in spezifischen Lenkungsklauseln zur wirtschaftlichen Existenzsicherung hervortreten. Hierzu rechnen vor allem das Gesetz über die Bundesbank von 1957 und das Stabilitätsgesetz von 1967. Gleichzeitig wandelt sich die allgemeine Stabilisierung zur aktiven Veränderung der Lage[12]. Aktive Veränderung bedeutet, daß Störungen des wirtschaftlichen Gleichgewichts vermieden oder vermindert werden sollen. Dabei geht es nicht um eine Verstärkung der herkömmlichen unmittelbaren Lenkungsmaßnahmen. Vielmehr nimmt die Stabilisierung Züge moderner „Steuerung" durch mehr oder weniger verbindliche „Signale" an. Die Stabilisierung tritt also nicht nur mit ihren, auf die Lage gerichteten, Zielen vom Einzelnen zurück, sondern auch in der Art und Weise der Maßnahmen. Außerdem fächert sich die allgemeine Stabilisierung immer stärker in zweifacher Weise auf, nämlich in die Beobachtung und in die Lenkung der Lage. Die Beobachtung ist schließlich bis zur Vorausschau gesteigert.

Voraussetzung jeder Lenkung ist die Information über die Lage. Ihr dient die Beobachtung. Sie ist nicht auf den Einzelnen gerichtet, wie die Überwachung im Rahmen der Gefahrenabwehr. Vielmehr bezieht sie sich auf Wirtschaftsablauf und Wirtschaftsstruktur. Typische Erscheinungsform der Beobachtung ist die amtliche Statistik[13]. Der enge Zusammenhang zwischen der Auseinandersetzung der Verwaltung mit sozialen Situationen und der dazu erforderlichen Information ist hier schon früh zutage getreten. Bereits die ältere Verwaltungslehre hat der Statistik besondere Bedeutung beigelegt. Im Zeichen rationaler Machbar-

---

[11] *Hedemann*, in Mitteilungen des Jenaer Instituts für Wirtschaftsrecht, Heft 23 (1932), S. 20.

[12] Vgl. *Jöhr*, Konjunktur (II), Politik, in Handwörterbuch der Sozialwissenschaften, Bd. 6, 1959, S. 114; *Pütz*, Geschichtliche Wandlungen der Konjunkturschwankungen und Konjunkturpolitik, in Wirtschaft, Gesellschaft und Kultur, Festgabe für Alfred Müller-Armack, 1961, S. 167.

[13] Vgl. *Fürst*, Statistik, amtliche (I), in Handwörterbuch der Sozialwissenschaften, Bd. 10, 1959, S. 52; siehe ferner, Das Arbeitsgebiet der Bundesstatistik, Stand Mitte 1966. hrsg. vom Statistischen Bundesamt, 1966.

B. Allgemeine Stabilisierung

keit hat sich das Messen und Zählen fortschreitend auf alle sozialökonomischen Bereiche ausgedehnt. Heute stellt die Statistik ein die gesamte Wirtschaft umfassendes System dar, das den Ehrgeiz hat, von der „Unzahl" der wirtschaftlichen Vorgänge zur bestimmbaren „großen Zahl" zu gelangen. Dem weitgespannten Ziel dient eine allgemeine statistische Auskunftspflicht, wie sie in § 10 des Gesetzes über die Statistik für Bundeszwecke[14] enthalten ist. Dabei handelt es sich nicht um eine Wiedergeburt des ius supremae inspectionis, soweit es dahin ging, „von allem, was im Staat vorgeht und auf die öffentliche Wohlfahrt Beziehung hat, Nachricht zu verlangen". Vielmehr bildet sich in der Beobachtung ein besonderes wirtschaftliches Informationsrecht heraus mit der doppelten Funktion der Information des Staates und durch den Staat. In diesem doppelten Sinne wird heute auch § 2 des Gesetzes über die Statistik für Bundeszwecke verstanden, wonach das Statistische Bundesamt die Ergebnisse der Statistiken für den Bund zu sammeln und „für allgemeine Zwecke" darzustellen hat. Die amtliche Statistik verlangt also Auskünfte und erbringt zugleich Informationsleistungen[15].

Zum Zweck der allgemeinen Stabilisierung ist die Beobachtung der Lage vor allem als konjunkturelle Beobachtung ausgebildet[16]. Ein typisches Beispiel hierfür ist das Gesetz über die allgemeine Statistik in der Industrie und im Bauhauptgewerbe von 1957[17]. Es dient der „allgemeinen statistischen Beobachtung der wirtschaftlichen Entwicklung im Industrie- und Bausektor", also in den konjunkturellen Schlüsselbereichen. Die Verwaltung soll durch diese Statistik die notwendigen Informationen erhalten, die es ihr u. a. ermöglichen, „Störungen oder Diskrepanzen in der Entwicklung frühzeitig zu erkennen"[18]. Dieses Gesetz ist durch die Verordnung betreffend die Statistik über den Auftragseingang in der Industrie von 1963[19] ergänzt worden. Hier wird die Gesamtnach-

---

[14] BGBl. 1953 I, S. 1314.
[15] Zur Entwicklung eines mehrseitigen wirtschaftlichen Informationsrechts vgl. *Roth*, Das Auskunftsrecht der Wirtschaftsverwaltung, Verwaltungsarchiv, 1966, S. 225. Diese Entwicklung bestätigt sich ferner im Recht der Europäischen Wirtschaftsgemeinschaften. Nach Art. 46 Abs. 3 Nr. 1 EGKS-Vertrag hat die Hohe Behörde Marktentwicklung und Preistendenzen fortlaufend zu untersuchen, um „allen Beteiligten Hinweise für ihre Tätigkeit zu geben und um ihr eigenes Handeln nach Maßgabe dieses Vertrages zu bestimmen."
[16] Vgl. dazu *Lorenz*, Forschungslehre der Sozialstatistik, 3. Bd., Angewandte Sozialstatistik, 1964, S. 414.
[17] BGBl. 1957 I, S. 720.
[18] So die amtliche Begründung, Bundestagsdrucksache II/3056. In dieser Begründung ist weiter ausgeführt: „Die Unternehmungen selber können anhand der Ergebnisse dieser Statistik den Stand ihrer eigenen Entwicklung im Rahmen ihrer Branchen und in größeren Zusammenhängen erkennen, ihre Produktionsgestaltung nach der Marktlage ausrichten und Erkenntnisse für die Förderung ihrer Produktivität schöpfen." Auch hier tritt also die doppelte Funktion der Beobachtung hervor (siehe Anm. 29).
[19] Bundesanzeiger 1963 Nr. 231, S. 1.

frage nach industriellen Erzeugnissen ermittelt. Die konjunkturelle Beobachtung wird zeitlich auf den Bestelleingang vorverlegt. Außerdem ist das Gesetz über die Preisstatistik von 1958[20] anzuführen. Es zeigt besonders die hohe Veränderlichkeit des konjunkturellen Sachverhalts, die sich in einer entsprechenden Periodizität der Beobachtung niederschlägt. Die meisten Erhebungen nach diesem Gesetz finden monatlich statt. Bei bestimmten Gütern und Dienstleistungen können die Erhebungen in kürzeren Zeitabständen durchgeführt werden, wenn dies aus wirtschaftspolitischen Gründen zwingend geboten ist. Weitere Beispiele sind die auf Grund des Bundesbankgesetzes erhobenen Statistiken. So werden z. B. in den Kreditstatistiken monatlich kurz-, mittel- und langfristige Bankkredite nach Kreditarten und Bankgruppen ermittelt.

Mit der Gründung der Europäischen Wirtschaftsgemeinschaft nimmt die konjunkturelle Beobachtung schließlich überstaatliche Dimensionen an. Nach Art. 103 EWG-Vertrag entscheidet der Rat auf Vorschlag der Kommission über die der konjunkturellen „Lage" entsprechenden Maßnahmen. Zur Vorbereitung dieser Maßnahmen ist die Gemeinschaft bestrebt, die Konjunkturstatistik übernational zu erweitern und zugleich zu verbessern. Beispiele dazu sind die Verordnungen über die Investitionsstatistik in der Industrie und im Bergbau sowie im Bauhauptgewerbe und im produzierenden Handwerk von 1965, die beide zur Durchführung der Richtlinien des Rates der Europäischen Wirtschaftsgemeinschaft über koordinierte Investitionserhebungen ergangen sind. Ferner hat der Rat im Jahre 1966 eine Empfehlung zur Verbesserung der Konjunkturstatistik erlassen[21].

Zur Auswertung der Beobachtungsergebnisse, zusammen mit anderen Informationen, ist eine institutionalisierte Begutachtung der Lage eingerichtet worden, die auch eine Vorausschau einbegreift. Hier zeigt sich erneut die Eigenart des Lenkungssachverhaltes, der nicht nur verändert werden soll, sondern auch sich selbst verändert. Jöhr und Singer betonen in diesem Zusammenhang, „daß sich hinter dem Ausdruck ‚Lage' ein sehr komplexer Tatbestand verbirgt. Einmal gehört dazu der politisch-institutionelle Rahmen der Wirtschaft. ... Aber auch die künftige Gestaltung anderer Daten, wie des technischen Fortschritts, der Mode, der Einflüsse aus dem Wirtschaftsverkehr mit dem Ausland muß unter Umständen in Betracht gezogen werden. Schließlich müssen aber auch jene ökonomischen Variablen, welche durch die Daten bestimmt werden, wie Produktionsvolumen, Verbrauch, Investitionen, Preise, Löhne, ebenfalls zum Gegenstand der Prognose gemacht werden. Würden sich diese Variablen automatisch nach den Daten richten, so wären sie aus diesen

---

[20] BGBl. 1958 I, S. 605.
[21] Amtsblatt 1964, S. 2193, Bundesanzeiger 1965 Nr. 90, S. 1; 3. Quartalsbericht „Die Wirtschaftslage der Gemeinschaft", 1966, Anhang S. 123.

B. Allgemeine Stabilisierung

allein abzuleiten. Ihr Verlauf wird aber ebenfalls durch die Konjunkturbewegung bestimmt, deren Expansions- und Kontraktionsprozesse nicht nur durch Datenänderungen gesteuert werden, sondern in erheblichem Umfang den Charakter sich selbst erzeugender Bewegungen haben"[22].

Gerade konjunkturelle Lagen sind hochveränderlich. Ihre Stabilisierung bedarf daher in besonderem Maße der Vorausschau der „Entwicklung". So hat der Sachverständigenrat nach dem Gesetz von 1963[23], in seinen Gutachten u. a. „die jeweilige gesamtwirtschaftliche Lage und deren absehbare Entwicklung" darzustellen (§ 2). Die Stabilisierungsfunktion des Rates wird durch seine Unabhängigkeit gesichert. Er ist kein Beratergremium der Regierung, sondern nur an den Auftrag des Gesetzes gebunden. Die Mitglieder werden auf Vorschlag der Bundesregierung vom Bundespräsidenten berufen. Sie müssen über besondere wirtschaftswissenschaftliche Kenntnisse und volkswirtschaftliche Erfahrungen verfügen. Sie dürfen grundsätzlich nicht im öffentlichen Dienst stehen und nicht Repräsentant eines Wirtschaftsverbandes oder einer Organisation der Arbeitgeber oder Arbeitnehmer sein (§§ 1 und 3). Die Unabhängigkeit des Sachverständigenrats wird ferner durch ein eigenes Anhörungsrecht unterstützt. Der Rat kann geeigneten Personen, insbesondere Vertretern von Organisationen des wirtschaftlichen und sozialen Lebens, Gelegenheit zur Stellungnahme geben. Er kann auch die fachlich zuständigen Bundesminister und den Präsidenten der Bundesbank hören, die ihrerseits auf Verlangen zu hören sind (§§ 4 und 5). Im übrigen ist auch hier die doppelte Funktion der Beobachtung festzustellen, als Informationsquelle für Staat und Wirtschaft. Die Gutachten des Sachverständigenrats sind nicht nur der Bundesregierung und den gesetzgebenden Körperschaften vorzulegen, sondern auch zu veröffentlichen (§ 6). Zur konjunkturellen Entwicklung hat sich der Rat zuletzt in seinem Jahresgutachten 1966/1967 geäußert, das unter dem Titel Expansion und Stabilität erschienen ist. Außerdem hat der Rat ein Sondergutachten „Zur Konjunkturlage im Frühjahr 1967" erstattet[24].

---

[22] Vgl. *Jöhr* und *Singer*, a.a.O., S. 77.

[23] BGBl. 1963 I, S. 685; vgl. dazu *Heinze*, Der Sachverständigenrat zur Begutachtung der gesamtwirtschaftlichen Entwicklung und die Umbildung der Verfassung, in Der Staat, Bd. 6 (1967), S. 433; *Bauer*, Der Sachverständigenrat, in Theoretische und institutionelle Grundlagen der Wirtschaftspolitik, Theodor Wessels zum 65. Geburtstag, 1967, S. 349. Zu den Versuchen, über die konjunkturellen Schätzungen hinaus eine mittel- und langfristige Vorausschau zu erreichen, siehe Diagnose und Prognose als wirtschaftswissenschaftliches Methodenproblem, hrsg. von *Giersch* und *Borchardt*, Schriften des Vereins für Socialpolitik, NF Nr. 25, 1962.

[24] Jahresgutachten des Sachverständigenrats zur Begutachtung der gesamtwirtschaftlichen Entwicklung 1966/67, Expansion und Stabilität, 1966; Sondergutachten, Zur Konjunkturlage im Frühjahr 1967, 1967. In dem Sondergut-

Die Bemühungen um eine Vorausschau der konjunkturellen Entwicklung setzen sich auf der Ebene der Europäischen Wirtschaftsgemeinschaft fort. Die Kommission bemüht sich nicht nur um eine Koordinierung der einschlägigen Erhebungen, sondern auch um eine Vorausschau der Entwicklung. So verzeichnet bereits das Aktionsprogramm der Kommission für die zweite Stufe der Gemeinschaft[25] u. a. folgende Maßnahmen: einmal die jährlichen Gesamtvorausschätzungen, die in einer jeweils im Januar vor dem Europäischen Parlament abgegebenen Erklärung enthalten sind; diesen Vorausschätzungen sind Empfehlungen an die Regierungen der Mitgliedstaaten über die zur Verhütung drohender Gefahren und insbesondere zur Steigerung des Warenangebots und Drosselung der Preiserhöhungen zu treffenden oder weiterzuführenden Maßnahmen beigefügt; ferner die vierteljährlichen Konjunkturberichte, in denen im Verlaufe des Jahres die Vorausschätzungen überprüft und die Empfehlungen präzisiert werden. Nach dem heutigen Stand ist die konjunkturelle Vorausschau vor allem in den Quartalsberichten über die „Wirtschaftslage der Gemeinschaft" enthalten[26].

Noch deutlicher als bei der Beobachtung zeigt sich die allgemeine Stabilisierung in der Lenkung selbst. Zu dem ständigen Normenbestand, der sich unter dem Stabilisierungsziel auf dem Gebiet der Lenkung entwickelt hat, gehört an erster Stelle das Gesetz über die Bundesbank von

---

achten hat der Rat u. a. folgende Vorausschau der Entwicklung der gesamtwirtschaftlichen Nachfrage gegeben:

„— Nach unserer Schätzung werden die privaten und öffentlichen Anlageinvestitionen im ersten Halbjahr 1967 um 6 bis 10 v. H. niedriger sein als im ersten Halbjahr 1966, es sei denn, daß von den öffentlichen Investitionsausgaben, insbesondere von denen des Bundes, schon früher und noch stärkere Impulse ausgehen, als heute abzusehen ist.

— Die privaten Verbrauchsausgaben dürften kaum höher sein als im ersten Halbjahr 1966, da Arbeitslosigkeit und Kurzarbeit zugenommen haben, zahlreiche ausländische Arbeitskräfte ausgeschieden sind, Überstunden und übertarifliche Leistungen abgebaut worden sind und die privaten Haushalte wegen der Ungewißheit über die Einkommensentwicklung sich vermutlich mit ihren Käufen — auf sie entfällt knapp die Hälfte der Endnachfrage — zurückhalten werden.

— Dagegen besteht kein Grund, die Vorausschätzungen der staatlichen Verbraucherausgaben (+ 8 v. H.) zu revidieren, wenn man davon ausgeht (Ziff. 3), daß konjunkturpolitisch nicht gerechtfertigte Kürzungen an den ursprünglichen Ausgabeplänen unterbleiben.

— Auch unsere Ausfuhrschätzung für das erste Halbjahr 1967 (+ 10 v. H.) bedarf keiner nennenswerten Änderung."

[25] Memorandum der Kommission über das Aktionsprogramm der Gemeinschaft für die zweite Stufe, 1962.

[26] Vgl. *Everling*, Die Koordinierung der Wirtschaftspolitik der Mitgliedstaaten in der EWG, in Bd. 32 der Schriftenreihe der Hochschule Speyer 1967, S. 163; siehe auch den 10. Gesamtbericht über die Tätigkeit der Gemeinschaft, 1967, Nr. 107 ff.

1957[27]. Danach regelt die Bundesbank, auf Grund ihrer währungspolitischen Befugnisse, den Geldumlauf und die Kreditversorgung der Wirtschaft „mit dem Ziel, die Währung zu sichern" (§ 3 Bundesbankgesetz). Die währungspolitische Gefahrenvorsorge tritt neben die Gefahrenabwehr, die auf einzelne Kreditinstitute abgestellt ist. Die Gefahrenabwehr ist in erster Linie im Gesetz über das Kreditwesen von 1961 geregelt und wird von dem dort vorgesehenen Bundesaufsichtsamt ausgeübt[28]. Die währungspolitische Sicherung obliegt der Bundesbank, wenn auch nicht ihr allein.

Die Sicherung der Währung im Sinne des Bundesbankgesetzes umfaßt sowohl die Außenwertstabilität als auch die Binnenwertstabilität[29]. Das Gewicht, das der Gesetzgeber diesem doppelten Ziel zugemessen hat, zeigt sich vor allem in der Unabhängigkeit[30] der Bundesbank. Die amtliche Begründung des Bundesbankgesetzes hebt dazu hervor, daß nach dem Übergang vom „automatischen" Goldwährungssystem zu einer manipulierten Währung die Entscheidungen über die Währungspolitik nicht von potentiellen Interessenten getroffen werden dürften. Denn wichtiger als alle anderen noch so guten Gründe sei die Sicherheit der Währung als „oberste Voraussetzung für die Aufrechterhaltung einer Marktwirtschaft und damit letzten Endes einer freiheitlichen Verfassung der Gesellschaft und des Staates".

Die besondere Bedeutung der so gesicherten Unabhängigkeit spiegelt das wechselhafte Schicksal wider, das die Stellung der Zentralnotenbank im Laufe ihrer Entwicklung erfahren hat. Nach dem Bankgesetz von 1875[31] stand die Reichsbank unter der Leitung des Reichskanzlers. Das Reichsbankdirektorium hatte lediglich ausführende Funktionen. Dabei ist allerdings zu beachten, daß sich die Reichsbank damals noch im Goldwährungssystem bewegte, so daß Weisungen eine wesentlich geringere Rolle spielten als im späteren Stadium der managed currency. Erst während des Ersten Weltkrieges trat eine entscheidende Änderung ein, als die im Bankgesetz von 1875 festgelegte Dritteldeckung in Gold praktisch aufgehoben wurde. Damit war die Möglichkeit einer freizügigen

---

[27] BGBl. 1957 I, S. 745. Vgl. dazu *Spindler-Becker-Starke*, Die Deutsche Bundesbank, 2. Aufl., 1960; *Rittershausen*, Die Zentralnotenbank, 1962; *Könneker*, Die Deutsche Bundesbank, 1967; *Samm*, Die Stellung der Deutschen Bundesbank im Verfassungsgefüge, 1967.

[28] BGBl. 1961 I, S. 881. Ein wesentlicher Teil der Aufsicht über das Kreditwesen ist allerdings „materielle" Aufsicht (siehe dort).

[29] Siehe insbes. *Veit*, Zentralbankpolitik, in Handwörterbuch der Sozialwissenschaften Bd. 12, 1965, S. 423. Zu möglichen Zielkonflikten vgl. *Veit*, a.a.O., S. 431. Siehe außerdem *Jöhr*, Der Kompromiß als Problem der Gesellschafts-, Wirtschafts- und Staatsethik, 1958.

[30] Vgl. *Rittershausen*, a.a.O., S. 28 ff. und besonders *Arndt*, Politik und Sachverstand im Kreditwährungswesen, 1963.

[31] RGBl. S. 177.

Geldschöpfung durch die Exekutive eröffnet. Diese Möglichkeit wurde später durch das Gesetz über die Autonomie der Reichsbank von 1922[32] wieder eingeschränkt. Das Bankgesetz von 1924[33] verstärkte die Unabhängigkeit der Reichsbank. Gleichzeitig wurde jedoch im Zeichen der Reparationsleistungen ein je zur Hälfte mit Ausländern und Deutschen besetzter Generalrat eingerichtet, der u. a. den Reichsbankpräsidenten wählte. Im Jahre 1933 wurde der Generalrat aufgehoben. Im weiteren Verlauf wurde die Reichsbank in wachsendem Maße in das totalitäre System einbezogen, so durch das Gesetz von 1937[34] und besonders durch das Gesetz über die Deutsche Reichsbank von 1939[35], wonach die Reichsbank der „uneingeschränkten Hoheitsgewalt des Reichs" und unmittelbar dem Reichskanzler unterstellt war.

Heute ist die Bundesbank von Weisungen der Bundesregierung unabhängig (§ 12 Bundesbankgesetz). In Verbindung mit der ihr obliegenden Aufgabe ergibt sich daraus, daß der Währungssicherung ein institutionalisierter Vorrang eingeräumt ist. Doch kann auch diese Institutionalisierung den Sachzusammenhang zwischen Währungs- und Wirtschaftspolitik nicht außer acht lassen. Der Zusammenhang aller Lenkungsziele ermöglicht lediglich relative Vorränge. Zielvorrang bedeutet Gewichtung und damit mehr oder weniger breite Randzonen gegenseitiger Anpassung. Dementsprechend ist auch die Bundesbank verpflichtet, die allgemeine Wirtschaftspolitik der Regierung zu unterstützen, soweit ihre Aufgabe dadurch nicht beeinträchtigt wird (§ 12 Bundesbankgesetz). Ferner hat die Bundesbank die Regierung in währungspolitischen Angelegenheiten zu beraten und ihr Auskunft zu geben. Die Mitglieder der Bundesregierung sind berechtigt, an den Beratungen des Zentralbankrats teilzunehmen. Sie haben zwar kein Stimmrecht, können aber Anträge stellen. Sie können außerdem verlangen, daß die Beschlußfassung bis zu zwei Wochen ausgesetzt wird (§ 13 Bundesbankgesetz). Auf der anderen Seite bestehen aber auch Interdependenzklauseln zugunsten der Bundesbank. So soll die Regierung den Präsidenten der Bundesbank bei ihren Beratungen über währungspolitische Angelegenheiten hinzuziehen (§ 13 Bundesbankgesetz). Die Bundesbank ist ferner berechtigt, an den Beratungen des Konjunkturrates teilzunehmen (§ 18 Stabilitätsgesetz). Ein besonders enges Interdependenzverhältnis besteht zwischen der Bundesbank und dem Bundesaufsichtsamt für das Kreditwesen. Das Amt hat die Bundesbank vor allem bei bestimmten Lenkungsmaßnahmen zu beteiligen. So z. B. bei der Zinslenkung nach § 23 Kreditwesengesetz. Die Grenzen für Zinsen und Provisionen sind so zu bemessen,

---

[32] RGBl. II, S. 135.
[33] RGBl. I, S. 225.
[34] RGBl. II, S. 47.
[35] RGBl. I, S. 1015.

B. Allgemeine Stabilisierung

daß die kreditpolitischen Maßnahmen der Bundesbank „unterstützt" werden.

Die Verwirklichung des Ziels der Währungssicherung erfordert eine laufende Beobachtung der währungs- und konjunkturpolitischen Lage. Die Bundesbank kann für diesen Zweck eigene statistische Erhebungen anstellen (§ 18 Bundesbankgesetz). Die Auseinandersetzung mit der jeweiligen Wirtschaftslage kommt außerdem in den monatlichen und jährlichen Berichten der Bundesbank zum Ausdruck, die zugleich ein weiteres Beispiel für die Komplexität des gelenkten Sachverhaltes geben. So ist im Jahresbericht 1966[36] ausgeführt: „Die Wirtschaftslage in der Bundesrepublik hat sich im Jahre 1966 deutlich gewandelt. Hatte der Beginn des Jahres noch im Zeichen einer ausgesprochenen Hochkonjunktur gestanden, in der die Auftragsbücher der Wirtschaft voll waren, der Arbeitsmarkt überfordert wurde, die Produktionskosten stiegen und der Preisauftrieb den höchsten Grad seit dem Korea-Krieg erreichte, so war das Jahresende durch eine deutliche Konjunkturabschwächung, zugleich aber auch durch erhebliche Erfolge auf dem Wege zur Wiedergewinnung der finanziellen Stabilität gekennzeichnet. Der Konjunkturumschwung hat sich freilich keineswegs ruckartig vollzogen. In den besonders reagiblen Bereichen, namentlich in der Investitionstätigkeit der Wirtschaft und der öffentlichen Stellen, warf er seine Schatten früh voraus, und er führte auch relativ bald zu einer neuerlichen Aktivierung der Zahlungsbilanz. Aber der weitaus größte Teil des Jahres verstrich, bis die veränderte konjunkturelle Lage die Preise, den Arbeitsmarkt und die Löhne deutlicher beeinflußte. Die Bundesbank hatte in dieser Phase eines konjunkturellen Anpassungsprozesses in ihrer Kreditpolitik, wie auch häufig vorher, mehrere Ziele gleichzeitig im Auge behalten. Einerseits mußte sie darauf abstellen, die Preisstabilität im Inland und das 1965 verlorengegangene außenwirtschaftliche Gleichgewicht wiederzugewinnen. Andererseits durfte der Druck auf die Inlandsnachfrage nicht so weit gehen, daß sich hieraus die Gefahr eines deflatorischen Zirkels mit allen negativen Rückwirkungen auf die Beschäftigung und die Produktion sowie auf die internationalen Zahlungsströme ergeben hätte."

Zur Erfüllung ihrer Lenkungsaufgaben stehen der Bundesbank verschiedene Mittel zur Verfügung, wie z. B. die Festsetzung des Diskontsatzes und der Mindestreserven oder das Offen-Markt-Geschäft[37]. Der Komplexität von Lage und Ziel entsprechend, werden die Mittel in der Regel kombiniert. Kennzeichen der allgemeinen stabilisierenden Len-

---

[36] Geschäftsbericht der Deutschen Bundesbank für das Jahr 1966, 1967, S. 1.
[37] Vgl. *Spindler-Becker-Starke*, a.a.O., S. 51; *Rittershausen*, a.a.O., S. 58; *Hahn*, Rechtsfragen der Diskontsatzfestsetzung, 1966.

kung ist dabei die gegenläufige Variabilität der Mittel. Sie ist in den Maßnahmen der Bundesbank besonders ausgeprägt, wenn auch ihre Eigenart nicht ausschließlich hierauf festgelegt werden kann. Die Liquidität der Kreditinstitute wird, jeweils nach der Wirtschaftslage, entweder gefördert oder eingeschränkt. So hat die Bundesbank vom Januar 1965 bis Mai 1966 den Diskontsatz von 3 % auf 5 % erhöht. Sie hat sich also restriktiv verhalten. Auf Grund der fortschreitenden Rezession hat die Bundesbank dann ab Dezember 1966 den entgegengesetzten Weg eingeschlagen. Für das erste Halbjahr 1967 ergibt sich daraus, in zeitlicher Reihenfolge der Maßnahmen, folgendes Bild: Senkung der Reservesätze für Inlandsverbindlichkeiten um rd. 9 %, Ermäßigung des Diskontsatzes auf $4^1/2$ %, Senkung der Reservesätze für Auslandsverbindlichkeiten auf das Inlandsniveau, Ermäßigung des Diskontsatzes auf 4 %, Senkung der Reservesätze für alle Verbindlichkeiten um 10 %. Ermäßigung des Diskontsatzes auf $3^1/2$ %, Senkung der Reservesätze für alle Verbindlichkeiten um rd. 6 %, Ermäßigung des Diskontsatzes auf 3 %.

Die Sonderstellung der Bundesbank bedeutet nicht, daß die Währung ausschließlich durch sie gesichert wird. Als Teil der allgemeinen Wirtschaftspolitik obliegt die Währungssicherung auch der Bundesregierung. Dies ist in letzter Zeit vor allem unter konjunkturpolitischen Gesichtspunkten akut geworden. So hat die Bundesregierung im Jahre 1964 neben den Regelungen der Bundesbank folgende konjunkturpolitische Beschlüsse gefaßt[38]:

I. Beschlüsse der Bundesregierung vom 23. März 1964

1. Ankündigung eines Gesetzentwurfs zur Ausdehnung der 25 %igen Kapitalertragssteuer auf Erträge aus festverzinslichen inländischen Wertpapieren, soweit sich diese im Eigentum von Gebietsfremden befinden.
2. Abschaffung der Wertpapiersteuer von 2,5 % des Nennbetrages der Emission.

II. Beschlüsse der Bundesregierung vom 13. März 1964

1. Ankündigung eines Gesetzentwurfs über Zollsenkungen,, und zwar a) Vorwegnahme der im EWG-Vertrag am 1. Januar 1965 und 1. Januar 1966 vorgesehenen Senkung des EWG-Binnentarifs um je 10 % seitens der Bundesrepublik zum 1. Juli 1964 (Halbierung aller Zollsätze des Binnentarifs, die über 4 % betragen); b) Senkung der zur Zeit angewandten Außenzollsätze, soweit diese über den Zollsätzen des Gemeinsamen Zolltarifs der EWG liegen, auf das Niveau des Ge-

---

[38] Abgedruckt in Bundestagsdrucksache IV/2890 (Anlage).

meinsamen Zolltarifs zum 1. Juli 1964; c) Senkung der Binnenzölle, soweit diese nach Senkung der Außenzölle höher sind als diese, auf die Höhe der Außenzollsätze.

2. Initiative zur Senkung des EWG-Außentarifs um 25 % (Angleichung der angewandten nationalen Außenzollsätze an den so gekürzten Zolltarif).

3. Begrenzung des Ausgabenanstiegs des Bundeshaushalts 1965 auf die voraussichtliche Zunahme des realen Brutto-Sozialprodukts. Dementsprechend muß das Ausgabevolumen auf 63,9 Mrd. DM limitiert werden.

Aufschlußreich unter diesen Maßnahmen ist das Kuponsteuergesetz, das auf Grund des Vorschlags der Bundesregierung nach I Ziff. 1 im Jahre 1965 erlassen worden ist[39]. Es dehnt die 25 %ige Kapitalertragssteuer auf Erträge bestimmter Wertpapiere aus, soweit sich diese im Eigentum von Gebietsfremden befinden. Auf diese Weise soll der währungs- und konjunkturpolitisch unerwünschten Zunahme des Kapitalimports begegnet werden. Sowohl die amtliche Begründung als auch das Urteil des Bundesverfassungsgerichts zu diesem Gesetz betonen seinen spezifischen Lagebezug[40]. Das Gericht führt aus, die Betroffenen hätten auf den Fortbestand der bisherigen Steuerfreiheit „unbeeinflußt von der jeweiligen währungs- und konjunkturpolitischen Lage", nicht vertrauen können. In der gegenwärtigen Situation dürften daher auch Gebietsfremde mit der Kapitalertragssteuer belastet werden. In dem Urteil sind außerdem Zweck und Wirkung des Kuponsteuergesetzes sorgsam unterschieden. Das Gericht spricht davon, daß eine Verwirklichung des Zwecks „erwartet" werden durfte und daß im übrigen der „Erfolg" auch eingetreten sei, wie es sich aus einer Auskunft der Bundesbank ergebe[41].

---

[39] BGBl. 1965 I, S. 147.
[40] Vgl. Bundestagsdrucksache IV/2345 und BVerfGE 19, 119.
[41] BVerfGE 19, 128 und 126. Vgl. auch *Menrad*, Die Auswirkungen der Kuponsteuer, in Schmollers Jahrbuch für Gesetzgebung, Verwaltung und Volkswirtschaft, 1966, S. 301. Zum Problem der Lenkungswirkung siehe als weiteres Beispiel das Urteil des Bundesverfassungsgerichts zur Besteuerung des Werkfernverkehrs (BVerfGE 16, 181): „Daß das vom Gesetzgeber angewandte Mittel von vornherein objektiv untauglich gewesen sei, läßt sich aus dem späteren mangelhaften Erfolg nicht mit Sicherheit schließen," und an anderer Stelle (S. 183): „Aus allen diesen Gründen muß es zunächst als eine für die betroffenen Unternehmer mit Werkfernverkehr zumutbare Regelung der Berufsausübung hingenommen werden, daß die Lenkungsmaßnahme die vom Gesetzgeber beabsichtigte Wirkung bisher nicht voll gehabt und offenbar im wesentlichen nur dem Güterfernverkehr geholfen hat. Seit dem Inkrafttreten des vollen Steuersatzes sind fünf Jahre vergangen. Diese Zeitspanne ist zu kurz, um festzustellen, daß die Verwirklichung des vom Gesetzgeber beabsichtigten Zieles ausgeschlossen ist." Siehe dazu *Kutscher*,

In der weiteren Entwicklung richten sich die Stabilisierungsbestrebungen der Bundesregierung in erster Linie auf die Lenkung der öffentlichen Haushalte[42]. Ergänzend zu ihrem Wirtschaftsbericht 1964 hatte die Bundesregierung bereits Grundgedanken zu einer antizyklischen Finanzpolitik veröffentlicht. Danach sollten die Ausgaben der öffentlichen Haushalte erhöht werden, wenn die private Nachfrage übermäßig zurückgeht und umgekehrt. Bei Stagnation der Wirtschaftstätigkeit war außerdem eine höhere Verschuldung der öffentlichen Haushalte vorgesehen, während im Konjunkturaufschwung bewußt kassenmäßige Überschüsse erzielt werden sollten[43]. Die jüngste konjunkturelle Krise führt schließlich zu einer gesetzlichen Regelung. Die auf die öffentlichen Haushalte gerichteten Stabilisierungsbestrebungen erhalten eine ständige Rechtsgrundlage in dem geänderten Art. 109 GG und in dem Gesetz zur Förderung der Stabilität und des Wachstums der Wirtschaft von 1967[44]. Das Stabilitätsgesetz bekräftigt darüber hinaus die grundsätzliche Entscheidung für eine globale Steuerung der Wirtschaftsentwicklung, wie sie sich, besonders in neuerer Zeit, fortschreitend entwickelt hat. Die Selbstregulierung der Wirtschaft durch den Wettbewerb soll durch eine ständige globale Steuerung ergänzt werden. Dies wird auch in dem Bericht, den der Wirtschaftsausschuß des Bundestages über den Gesetzentwurf erstattet hat, ausdrücklich hervorgehoben. Die marktwirtschaftlichen Steuerungselemente, so stellt der Ausschuß fest, „müssen ergänzt werden durch eine wirtschaftspolitische Beeinflussung des gesamtwirtschaftlichen Prozeßablaufs. Unter den heutigen und künftigen Bedingungen kann die Effizienz des marktwirtschaftlichen Systems und damit der unternehmerischen Freiheit nur gewährleistet werden

---

Staat und Wirtschaft in der Rechtsprechung des Bundesverfassungsgerichts, in Bd. 22 der Schriftenreihe der Hochschule Speyer, 1964, S. 224.

Ein Gegenbeispiel ist das Urteil des Bundesverwaltungsgerichts über die Zulassung einer Gebäude-Feuerversicherungsanstalt mit öffentlich-rechtlichem Zwangscharakter zur Mobiliar-Feuerversicherung. Das Gericht stellt hier in erster Linie auf den Zweck des Gesetzes ab (JZ 1964, S. 452): „Es lag nicht in der Absicht des Gesetzgebers, die private Versicherungswirtschaft auszuschalten ... Nach alledem kann als Sinn der gesetzlichen Regelung des umstrittenen § 32 nicht die Drosselung einer privatwirtschaftlichen Konkurrenz durch die öffentliche Hand angenommen werden."

[42] Siehe dazu *Hettlage*, Die Finanzverfassung im Rahmen der Staatsverfassung, in VVDStRL Heft 14 (1956), S. 2; ders., Grundfragen einer Neuordnung des deutschen Finanzrechts, in Finanzwissenschaft und Finanzpolitik, hrsg. von *F. Schäfer*, 1964, S. 77; ders., Wirtschaftsordnung und Finanzpolitik, Institut Finanzen und Steuern, Heft 78; ders., Probleme einer mehrjährigen Finanzplanung, in Finanzarchiv, Bd. 27 (1968), S. 235; *Neumark*, Wirtschafts- und Finanzprobleme des Interventionsstaates, 1961; ders., Probleme und Mittel moderner Finanzpolitik, in Finanzwissenschaft und Finanzpolitik, a.a.O., S. 177.

[43] Bundestagsdrucksache zu IV/1752.

[44] BGBl. I, S. 581, 882. Siehe dazu *Stern-Münch*, Gesetz zur Förderung der Stabilität und des Wachstums der Wirtschaft, 1967.

B. Allgemeine Stabilisierung

durch eine ergänzende globale Steuerung der wichtigsten Aggregate des gesamtwirtschaftlichen Kreislaufs. Nur so kann eine gleichgewichtige Entwicklung der Volkswirtschaft und damit das marktwirtschaftliche System auf Dauer gesichert werden. Eine gleichgewichtige Entwicklung, die größere Konjunkturausschläge vermeidet und ein angemessenes Wachstum auch langfristig ermöglicht, kann nicht durch dirigistische Einzeleingriffe — die zudem nach und nach die marktwirtschaftliche Ordnung aushöhlen würden —, sondern nur durch eine systematische globale Steuerung des gesamtwirtschaftlichen Kreislaufs erreicht werden. Nach Auffassung des Ausschusses beeinträchtigt die Globalsteuerung keineswegs die Funktionsfähigkeit des marktwirtschaftlichen Systems; im Gegenteil: sie wird dadurch gestärkt. Denn die Globalsteuerund verzichtet auf direkte Interventionen in die privatwirtschaftlichen Entscheidungen und auf fallweise Regelungen; sie steuert die gesamtwirtschaftliche Entwicklung vielmehr durch eine Veränderung der Bedingungen für das einzelwirtschaftliche Handeln im Rahmen offengelegter Spielregeln"[45].

Durch die Änderung des Art. 109 GG werden der grundsätzlichen Trennung der Haushaltswirtschaft von Bund und Ländern, die in Art. 109 Abs. 1 GG konstituiert ist, bestimmte gegenseitige Bindungen gegenübergestellt. Wir haben es wiederum mit einer Interdependenzklausel zu tun, die der notwendigen Übereinstimmung von Finanz- und Wirtschaftspolitik entspringt. Nach den neu hinzugefügten Absätzen 2 und 3 haben Bund und Länder bei ihrer Haushaltswirtschaft den Erfordernissen des gesamtwirtschaftlichen Gleichgewichts Rechnung zu tragen. Durch Bundesgesetz können mit Zustimmung des Bundesrates Grundsätze für eine konjunkturgerechte Haushaltswirtschaft und eine mehrjährige Finanzplanung aufgestellt werden. Gemäß Absatz 4 können zur Abwehr einer Störung des gesamtwirtschaftlichen Gleichgewichts durch Bundesgesetz, mit Zustimmung des Bundesrates, u. a.

---

[45] Bundestagsdrucksache zu V/1678, S. 3. Zur Auseinandersetzung über „Die Funktionsfähigkeit des Wettbewerbs" siehe die gleichnamige Arbeit von *Kantzenbach*, 1966, mit weiteren Nachweisen. Auch im Wettbewerbsrecht zeichnet sich immer deutlicher der Unterschied ab, der zwischen individuell beherrschbaren Sachverhalten und nicht-individuellen Lagen besteht. Soweit der Wettbewerb als eine bestimmte Manifestation wirtschaftlicher Freiheit aufgefaßt wird, geht die Lehre in erster Linie vom individuell beherrschbaren Bereich aus. Dieser Bereich wird durch die Gesetze gegen unlauteren Wettbewerb und gegen Wettbewerbsbeschränkungen „geordnet". Demgegenüber betont Kantzenbach die Bedeutung des Wettbewerbs als Ziel der Wirtschaftspolitik. So gesehen geht es in erster Linie um die Wettbewerbs-Lage, die unter dem Ziel optimaler Wettbewerbsintensität „gelenkt" werden soll. Vgl. dazu die Kritik von *Hoppmann* in Jahrbücher für Nationalökonomie und Statistik, Bd. 179 (1966), S. 293 und die weitere Diskussion a.a.O., Bd. 181 (1967), S. 113 ff. Siehe außerdem die Beiträge zur Festschrift für Böhm, Wirtschaftsordnung und Rechtsordnung, hrsg. von *Coing*, *Kronstein* und *Mestmäcker*, 1965; sowie Robert *Knöpfle*, Der Rechtsbegriff „Wettbewerb", 1966.

B. Allgemeine Stabilisierung

Höchstbeträge und Bedingungen für die Aufnahme von Krediten durch Gebietskörperschaften und Zweckverbänden festgesetzt und eine Verpflichtung, unverzinsliche Guthaben bei der Bundesbank zu unterhalten (Konjunkturausgleichsrücklagen), ausgesprochen werden.

Im Gesetz zur Förderung von Stabilität und Wachstum, das im wesentlichen auf Grund der Ermächtigung des Art. 109 Abs. 3 und 4 ergangen ist, liegt das Schwergewicht der vorgesehenen Maßnahmen ebenfalls auf der Lenkung der öffentlichen Haushalte. Nach § 1 des Gesetzes haben Bund und Länder ihre wirtschafts- und finanzpolitischen Maßnahmen so zu treffen, „daß sie im Rahmen der marktwirtschaftlichen Ordnung gleichzeitig zur Stabilität des Preisniveaus, zu einem hohen Beschäftigungsstand und außenwirtschaftlichem Gleichgewicht bei stetigem und angemessenem Wirtschaftswachstum beitragen"[46]. Auf solche Weise wird eine möglichst spannungsfreie Fortentwicklung der Volkswirtschaft angestrebt[47]. Die so bestimmte Lenkung der öffentlichen Haushalte bildet allerdings einen rechtlichen Sonderbereich, der hier nur am Rande behandelt werden soll. Doch setzt sich auch im Stabilitätsgesetz die Reihe der Stabilisierungsmaßnahmen gegenüber der Privatwirtschaft fort. Die Möglichkeit, die wirtschaftliche Entwicklung durch Maßnahmen gegenläufiger Variabilität auszugleichen, wie z. B. durch die verschiedenen Diskont- und Reservesätze der Bundesbank, oder durch die Veränderung von Zollsätzen, wird durch Ermächtigungen zur gegenläufigen Steuerveränderung ergänzt. Gemäß § 51 Einkommensteuergesetz, der durch das Stabilitätsgesetz geändert worden ist, können Sonderabschreibungen und erhöhte Absetzungen je nach Wirtschaftslage gewährt bzw. ausgeschlossen werden. Ebenso kann die Regierung die Einkommensteuer um höchstens 10 % herab- oder heraufsetzen. Dabei sind die Voraussetzungen auf näher definierte konjunkturelle Störungen beschränkt[48], im Unterschied zur Haushaltslenkung, die mit dem zusätzlichen Wachstumsziel nur ziemlich vage bestimmt ist. Die genannten Steuervergünstigungen können gewährt werden, „wenn eine Störung des gesamtwirtschaftlichen Gleichgewichts eingetreten ist oder sich abzeichnet, die eine nachhaltige Verringerung der Umsätze oder der Beschäftigung zur Folge hatte oder erwarten läßt, insbesondere bei einem erheblichen Rückgang der Nachfrage nach Investitionsgütern oder Bauleistungen." Im umgekehrten Fall können die Vergünstigungen ganz oder teilweise ausgeschlossen werden, „wenn eine Störung des gesamtwirtschaftlichen Gleichgewichts eingetreten ist oder sich abzeichnet, die erhebliche Preissteigerungen mit sich gebracht hat oder erwarten

---

[46] Zu diesen Zielen siehe *Benda*, Die aktuellen Ziele der Wirtschaftspolitik und die tragenden Grundsätze der Wirtschaftsverfassung, in NJW 1967, S. 851.
[47] Vgl. Bundestagsdrucksache zu V/1678, S. 5.
[48] Vgl. *Stern-Münch*, a.a.O., S. 183 ff.

B. Allgemeine Stabilisierung

läßt, insbesondere wenn die Inlandsnachfrage nach Investitionsgütern oder Bauleistungen das Angebot wesentlich übersteigt". Die Einkommensteuer kann um 10 % herab- oder heraufgesetzt werden, wenn „eine Störung des gesamtwirtschaftlichen Gleichgewichts eingetreten ist oder sich abzeichnet, die eine nachhaltige Verringerung der Umsätze oder der Beschäftigung zur Folge hatte oder erwarten läßt, insbesondere bei einem erheblichen Rückgang der Nachfrage nach Investitionsgütern und Bauleistungen oder Verbrauchsgütern", umgekehrt, wenn „eine Störung des gesamtwirtschaftlichen Gleichgewichts eingetreten ist oder sich abzeichnet, die erhebliche Preissteigerungen mit sich gebracht hat oder erwarten läßt, insbesondere, wenn die Nachfrage nach Investitionsgütern und Bauleistungen oder Verbrauchsgütern das Angebot wesentlich übersteigt". Voraussetzung ist in allen Fällen eine „Störung des gesamtwirtschaftlichen Gleichgewichts". Damit ist der typische Tatbestand einer allgemeinen Funktionsstörung, im Unterschied zur individuellen Zustandsstörung bei der Gefahrenabwehr, formuliert.

Die Tendenz, Funktionsstörungen entgegenzuwirken, ist auch für außenwirtschaftliche Störungen des gesamtwirtschaftlichen Gleichgewichts festzustellen. § 4 des Stabilitätsgesetzes verpflichtet die Bundesregierung, jenseits ihrer autonomen Maßnahmen[49], vorrangig alle Möglichkeiten der internationalen Koordination zu nutzen, um derartigen Störungen zu begegnen. Diese Koordination hat vor allem auf der übernationalen Ebene der Europäischen Wirtschaftsgemeinschaft eine nähere rechtliche Regelung gefunden[50]. Nach Art. 104 EWG-Vertrag betreibt jeder Mitgliedstaat die Wirtschaftspolitik, die erforderlich ist, „um unter Wahrung eines hohen Beschäftigungsstandes und eines stabilen Preisniveaus das Gleichgewicht seiner Gesamtzahlungsbilanz zu sichern und das Vertrauen in seine Währung aufrechtzuerhalten". Die Mitgliedstaaten haben gemäß Art. 105 EWG-Vertrag ihre Wirtschaftspolitik unter diesen Zielen zu koordinieren. Soweit es dabei um konjunkturelle Fragen geht, stehen der Gemeinschaft einmal die Mittel des Art. 103 EWG-Vertrag zur Verfügung. Bei Zahlungsbilanzschwierigkeiten greift darüber hinaus Art. 108 EWG-Vertrag ein. Danach prüft die Kommission unverzüglich die „Lage" eines Mitgliedstaates sowie die Maßnahmen, die

---

[49] Siehe im einzelnen *Stern-Münch*, a.a.O., S. 115 ff.
[50] Vgl. *Issing*, Monetäre Probleme der Konjunkturpolitik in der EWG, 1964; *Schöllhorn*, Verbesserung der konjunkturpolitischen Steuerungsmöglichkeiten als permanente Aufgabe der nationalen und internationalen Wirtschaftspolitik, in Konjunkturpolitische Einwirkungsmöglichkeiten, Beihefte der Konjunkturpolitik, Heft 11 (1965), S. 10; *Everling*, Die Koordinierung der Wirtschaftspolitik der Mitgliedstaaten in der EWG, in Bd. 32 der Schriftenreihe der Hochschule Speyer, 1967, S. 163; siehe dort auch (S. 204) *Roth*, Dokumentation zur Koordinierung der Konjunktur- und Strukturpolitik der Mitgliedstaaten in der EWG.

er getroffen hat, wenn dieser Mitgliedstaat hinsichtlich seiner Zahlungsbilanz von Schwierigkeiten betroffen oder ernstlich bedroht ist und diese Schwierigkeiten geeignet sind, „insbesondere das *Funktionieren* des Gemeinsamen Marktes oder die schrittweise Verwirklichung der gemeinsamen Handelspolitik zu *gefährden*"[51]. Reichen die Maßnahmen der Mitgliedstaaten nicht aus, so empfiehlt die Kommission einen *„gemeinsamen Beistand"*.

---

[51] Vom Verf. hervorgehoben.

C. Besondere Stabilisierung

Die Stabilisierungsmaßnahmen des modernen Staates beschränken sich nicht auf gesamtwirtschaftliche Größen, sie erfassen auch teilwirtschaftliche Bereiche. Das gilt einmal im Sinne von Übergangszonen. Es bedeutet darüber hinaus, daß besondere Einzelbereiche der Stabilisierung bestehen. Beispiele sind der Außenschutz bestimmter Wirtschaftszweige, jenseits der allgemeinen Stabilisierung des außenwirtschaftlichen Gleichgewichts, die materielle Aufsicht über das Versicherungs- und Kreditwesen, und schließlich die besondere Stabilisierungsform der Marktordnung. Zum Teil hat auch hier das Recht des Ausnahmezustands den Anfang gemacht. Es sind aber außerdem Entwicklungen festzustellen, die sich unmittelbar vom Wohlfahrtszweck herleiten. So vor allem im Außenbereich des Staates. In beiden Fällen hat die besondere Stabilisierung inzwischen eigene Gestalt angenommen. Für bestimmte Bereiche sind spezifische Ermächtigungsklauseln zur wirtschaftlichen Existenzsicherung entstanden. Die besondere Stabilisierung ist also durch die Eigenart der Lenkung engerer Bereiche gekennzeichnet. Die Lenkung ist dementsprechend stärker individualisiert als auf dem Gebiet der allgemeinen Stabilisierung. Dabei setzt sich die funktionale Durchdringung der Wirtschaft nicht unmittelbar in den teilwirtschaftlichen Bereichen fort. Wirtschaftlicher *Funktionsschutz* und sozialer *Bestandsschutz* gehen vielfach ineinander über.

I. Außenwirtschaftliche Protektion

Zu den verschiedenen Typen der besonderen Stabilisierung zählt zunächst die außenwirtschaftliche Protektion. Sie richtet sich gegen Störungen aus fremden Wirtschaftsgebieten, die erhebliche Schäden für einzelne Wirtschaftszweige zur Folge haben können. Die außenwirtschaftliche Protektion beginnt mit dem Ende der Freihandelsperiode in den letzten Jahrzehnten des 19. Jahrhunderts. Zur Zeit des Freihandels wurde die Sicherheit des internationalen Geschäftsverkehrs durch die Handelsverträge gewährleistet, die der internationalen Wirtschaftsgesellschaft eine dauerhafte Ordnung gaben[1]. Diese Ordnung erfuhr in der

---

[1] Vgl. R. *Weber*, System der deutschen Handelsverträge, 1912; aus der neueren Literatur siehe *Erler*, Grundprobleme des internationalen Wirt-

Depression der siebziger und achtziger Jahre des vorigen Jahrhunderts ihre erste entscheidende Einschränkung. Die Gewährleistung der individuellen Rechtssicherheit wurde ergänzt, und zum Teil abgelöst, durch die Sicherung der wirtschaftlichen Existenz bestimmter Wirtschaftszweige.

Hauptmittel der außenwirtschaftlichen Protektion waren zunächst die Schutzzölle[2]. Die wirtschaftliche Depression, die in den siebziger Jahren des vorigen Jahrhunders begann, brachte das Zolltarifgesetz von 1879[3] hervor, das die Periode des Freihandels beendete. Gesetzgebung und Regierung brauchten dazu nicht auf das Recht des Ausnahmezustands zurückzugreifen. Vielmehr konnten sie an die merkantilistische Schutzpolitik anknüpfen. Der wirtschaftliche Außenschutz war auch im liberalen Rechtsstaat nicht ausschließlich auf die Wahrung der Rechtssicherheit beschränkt, wie sich überhaupt — die Praxis — des liberalen Staates auch mit besonderen wirtschaftlichen Lagen auseinandergesetzt hat. So kommt es, daß sich gerade im traditionell freier gestellten Außenbereich des Staates eine gewisse Kontinuität der Wirtschaftspflege vom Merkantilismus zum Neomerkantilismus feststellen läßt. Die merkantilistischen Schutzzölle, die auf staatswirtschaftliche Expansion gerichtet waren, wurden als gemäßigter Schutz der nationalen Wirtschaft weiterentwickelt. Die gefährdeten Wirtschaftszweige sollten in Bahnen gelenkt werden, „welche tatkräftiges und einsichtsvolles Streben in den Stand setzen, den Kampf mit anderen Produktionsgebieten erfolgreich sowohl auf dem inländischen Markt als auch in der Ausfuhr aufzunehmen"[4].

Schutzbereiche waren die Eisenindustrie, die in ihrem frühen Entwicklungsstadium durch die Depression besonders gefährdet war, sowie die Landwirtschaft. Der Schutzzweck der neuen Zölle kam bereits in der Begründung des Zolltarifgesetzes von 1879 deutlich zum Ausdruck, wobei gleichzeitig die „Lage" als Lenkungssachverhalt hervortritt. Bei der Erörterung der Notwendigkeit der Eisenzölle ging die Begründung

---

schaftsrechts, 1956; *Scheuner*, Die Rolle der Handelsverträge im internationalen Wirtschaftsrecht der Gegenwart, in Festschrift für Kyriacopulos, Aristotelische Universität Saloniki, Jahrbuch der Rechts- und Wirtschaftswissenschaftlichen Fakultät, Bd. 13 (1966), S. 873.

[2] Zu dem Meinungsstreit über die Einführung der Schutzzölle siehe z. B. *Lotz*, Der Schutz der deutschen Landwirtschaft, 1900; L. *Brentano*, Die deutschen Getreidezölle, 1911; aus der neueren Literatur vgl. *Rosenberg,* Große Depression und Bismarckzeit, 1967.

[3] RGBl. 1879, S. 207.

[4] Vgl. die amtliche Begründung des Zolltarifgesetzes von 1885, Verhandlungen des Reichstags, 6. Legislaturperiode, I. Session 1884/85, Anlage zu den Sten. Berichten Nr. 156, S. 557. Siehe auch *Gerloff*, Deutsche Zoll- und Handelspolitik, 1920.

zunächst auf die wirtschaftlichen Verhältnisse der letzten Jahre ein. Als im Jahre 1873 die Eisenzölle ermäßigt oder ganz beseitigt wurden[5], befand sich die Eisenindustrie in einer günstigen Situation. Dieser Produktionsaufschwung ging jedoch kurz nach Erlaß des Gesetzes von 1873 zurück. Im Jahre 1876, als der Termin für die Aufhebung des Zolls auf Materialeisen und bestimmte Eisenwaren näher rückte, entwickelte sich eine lebhafte Auseinandersetzung um die Verschiebung dieses Termins. Durch Beschluß des Bundesrats vom 25. Juni 1878 wurde daraufhin eine Kommission „zur Untersuchung der gegenwärtigen Lage der deutschen Eisenindustrie" eingesetzt. Wie die Begründung des Tarifgesetzes von 1879 betont, hat der Bericht dieser Kommission „ein klares Bild von der hochbedrängten Lage der Eisenindustrie geliefert". Die Überproduktion, so fährt die Begründung fort, „welche nicht nur in Deutschland, sondern auch anderwärts, insbesondere in England, große Ausdehnung gewonnen, hat die Preise aller Eisengattungen auf ein zum Teil hinter den Selbstkosten erheblich zurückbleibendes Niveau herabgedrückt. Durch entsprechende Verminderung der Produktion läßt sich nach den Angaben der gehörten Sachverständigen Abhilfe nicht schaffen; wäre eine solche Einschränkung des Betriebes auch ausführbar, so würde die englische Produktion in der Lage sein, die entstehende Lücke sofort durch vermehrte Einfuhr auf den durch Zölle nicht geschützten deutschen Markt auszufüllen, ohne daß dabei eine Besserung der Preise eintreten würde"[6].

Auch die Lage der Landwirtschaft und ihr Schutzbedürfnis wurde während der Entstehung der Schutzzölle eingehend erörtert. Die Landwirtschaft war vor allem durch billige Getreideimporte aus dem amerikanischen Mittelwesten gefährdet. Sie erhielt daher wachsenden Zollschutz, der sich in den Tarifgesetzen von 1885 und 1887[7] zum Hochschutzzoll steigerte. Die Begründung des Tarifgesetzes von 1885 stellt dazu fest, der geltende Getreidezoll sei unzureichend, um „der deutschen Landwirtschaft gegenüber der Konkurrenz des Auslandes Preise zu sichern, welche den Produktionskosten entsprechen". Eine strukturelle Umstellung der Landwirtschaft, besonders auf eine intensivere Wirtschaftsform, schloß die Begründung als Alternative aus. Die Schutzzölle wurden nicht als Übergangsmaßnahme betrachtet. Vielmehr sollte der gegebene Bestand der Landwirtschaft, auch im nationalen Interesse, gesichert werden[8].

---

[5] RGBl. 1873, S. 241.
[6] Verhandlungen des Reichstags, 4. Legislaturperiode, II. Session 1879, Anlage zu den Sten. Berichten Nr. 132, S. 800.
[7] RGBl. 1885, S. 93, RGBl. 1887, S. 533.
[8] Im übrigen beschrieb die Begründung die Situation der Landwirtschaft folgendermaßen: „Während früher für jedes Land das Gebiet, aus welchem

Bis zum Beginn des Ersten Weltkrieges blieb die außenwirtschaftliche Protektion im wesentlichen auf die Schutzzölle beschränkt. Während des Krieges und vor allem durch die spätere Weltwirtschaftskrise kam es dann zu einer vielfältigen Ausfächerung der Mittel. Der Umschlag zur gelenkten Außenwirtschaft, der sich in der Großen Krise vollzog, führte auch zu neuen Maßnahmen des besonderen Außenschutzes[9]. So sind Genehmigungspflichten für bestimmte Rechtsgeschäfte zu verzeichnen, die der unmittelbaren Regulierung des Waren- und Dienstleistungsverkehrs dienen sollten. Außerdem wurden die Zölle durch die weitaus wirksameren Kontingente ergänzt. Ein besonders aufschlußreiches Beispiel für diese Differenzierung ist der Schutz der Landwirtschaft, der sich allmählich von der außenwirtschaftlichen Protektion löst und selbständige Form annimmt. Nachdem hier zunächst der Zollschutz beträchtlich verstärkt worden war, bildeten sich zahlreiche zusätzliche Lenkungsmittel. So die Einfuhrmonopolisierung für Mais, die Einfuhrkontingente für einige Veredlungsprodukte und schließlich bestimmte Interventionskäufe und -verkäufe. Damit verlagerte sich der Agrarschutz allmählich von der Einfuhrpolitik zur Binnenmarktordnung. Die landwirtschaftliche Marktordnung entstand, als eigene Form der besonderen Stabilisierung. Davon abgesehen setzte sich auch die außenwirtschaftliche Protektion fort. Sie führte in der folgenden Zeit zu einer immer stärkeren Absperrung, die im Zeichen der Autarkie stand. Soweit Außenwirtschaft betrieben wurde, unterlag sie hinsichtlich der einzelnen Wirtschaftszweige der Generalklausel des Gesetzes über wirtschaftliche Maßnahmen von 1934[10]. Das Gesetz, das nicht nur den außenwirtschaftlichen Schutz betraf, sondern eine generelle Schutzklausel enthielt,

---

es sich mit Getreide versorgen konnte, wegen der Kostspieligkeit und Langsamkeit des Transports und geringen Aufbewahrungsfähigkeit des Getreides ein ziemlich eng begrenztes und der Preisstand des Getreides fast völlig von den Ernteergebnissen dieses Gebietes abhängig war, sind die Zerealien jetzt durch die Vervollkommnung der Kommunikationsmittel, welche das Innere der Kontinente durch Eisenbahnen aufgeschlossen, die Segel- und die Dampfschiffahrt ersetzt und die Güterbewegung schneller und wohlfeiler gemacht hat, der Gegenstand eines mächtig organisirten Welthandels geworden, der ungemessene neue Gebiete in den Kreis der Produktion zieht und auf dem nämlichen Markte die Erzeugnisse der entlegensten Gegenden und der verschiedensten Klimate zusammenführt. So segensreich dieser Fortschritt ist, weil er für alle diesem Verkehr erschlossenen Länder die Gefahr der Korntheuerung wesentlich verringert hat, so sind doch mit demselben für die Landwirtschaft der altkultivirten, dicht bevölkerten Länder große Nachtheile verbunden, die in ganz Westeuropa und namentlich in Deutschland, welches noch vor kurzem zu den Getreide importirenden Ländern gehörte, schwer empfunden werden." Verhandlungen des Reichstags, a.a.O. (Anm. 73), S. 558.

[9] Vgl. *Erler*, a.a.O., S. 81 ff.; *Bülck*, im entwicklungsgeschichtlichen Teil seines Vortrags: Zur Systematik der Europäischen Wirtschaftsgemeinschaften, Berichte der Deutschen Gesellschaft für Völkerrecht, Heft 3 (1959), S. 66. Siehe außerdem *Predöhl*, Außenwirtschaft, 1949.

[10] RGBl. 1934 I, S. 565.

I. Außenwirtschaftliche Protektion

ermächtigte den Reichswirtschaftsminister, alle Maßnahmen zu treffen, die er „zur Verhütung und Beseitigung wirtschaftlicher Schädigungen" für notwendig hielt.

Zu einem besonderen Normenbestand mit bestimmten Ermächtigungsklauseln zur wirtschaftlichen Existenzsicherung entwickelt sich die außenwirtschaftliche Protektion erst nach dem Zweiten Weltkrieg. Die Liberalisierung der Außenwirtschaft und die ausdrückliche Wiederherstellung der Wirtschaftsfreiheit, auch nach außen, zwingen zu einer genaueren Abgrenzung der Beschränkungstatbestände. Diese sind besonders im Außenwirtschaftsgesetz von 1961[11] geregelt. Nach § 1 des Gesetzes ist der Außenwirtschaftsverkehr grundsätzlich frei. Er unterliegt lediglich den Beschränkungen, die im Gesetz vorgesehen sind. Die faktischen Voraussetzungen für diese Beschränkungen werden mit Hilfe der nach § 26 Außenwirtschaftsgesetz vorgesehenen laufenden Meldungen ständig beobachtet. Die Beschränkungen selbst gliedern sich, jenseits der Gefahrenabwehr zur Sicherung der freiheitlichen Ordnung der Bundesrepublik vor Störungen aus fremden Wirtschaftsgebieten (§ 6 Außenwirtschaftsgesetz), in allgemeine und besondere Beschränkungen auf. Der allgemeine Beschränkungstatbestand der außenwirtschaftlichen Protektion ist in § 10 Außenwirtschaftsgesetz enthalten. Einfuhrbeschränkungen zur Sicherung bestimmter Wirtschaftszweige dürfen nur angewendet werden, wenn ein „berechtigtes Schutzbedürfnis" gegeben ist. Das Schutzbedürfnis ist berechtigt, „wenn ohne die Beschränkung Waren in derart erhöhten Mengen und unter solchen Bedingungen eingeführt würden, daß ein erheblicher Schaden für die Erzeugung gleichartiger oder zum gleichen Zweck verwendbarer Waren im Wirtschaftsgebiet eintritt oder einzutreten droht". Im Gesetzentwurf[12] war diese Ermächtigung mehr funktional gefaßt. Das Schutzbedürfnis wurde nur dann bejaht, wenn die Erhaltung eines Wirtschaftszweiges ohne die Beschränkung gefährdet, oder wenn ihm mit Hilfe der Beschränkung eine Anpassung an veränderte wirtschaftliche Verhältnisse ermöglicht werden sollte. Der Gesetzgeber hat sich gegen diese Begrenzung auf einen nur funktionalen „Erziehungsprotektionismus" entschieden, um sich in dem traditionell lenkungsbeweglichen außenwirtschaftlichen Raum weitere Schutzmöglichkeiten vorzubehalten. Für einige Wirtschaftszweige ist ein besonderer Schutz vorgesehen. Nach den §§ 18 ff. des Außenwirtschaftsgesetzes können bestimmte Rechtsgeschäfte beschränkt werden, „um erheblichen nachteiligen Auswirkungen auf die wirtschaftliche Lage" der Seeschiffahrt, der Luftfahrt und der Schadensversicherungen entgegenzuwirken.

---

[11] BGBl. 1961 I, S. 481; vgl. dazu *Sieg-Fahning-Kölling*, Außenwirtschaftsgesetz, 1963; *Schulz*, Außenwirtschaftsrecht, 1965.
[12] Bundestagsdrucksache III/1285, S. 241.

Besondere Schutzklauseln sind außerdem im Recht der Europäischen Wirtschaftsgemeinschaft enthalten[13]. Im Gebiet des Gemeinsamen Marktes sollen Beschränkungen des Wirtschaftsverkehrs zwischen den Mitgliedstaaten grundsätzlich abgebaut werden. Die Mitgliedstaaten dürfen daher Beschränkungen nur dann erlassen, wenn der Vertrag dies ausdrücklich vorsieht. So kann die Kommission zu Schutzmaßnahmen ermächtigen, wenn „Kapitalbewegungen Störungen im Funktionieren des Kapitalmarkts eines Mitgliedstaates" zur Folge haben (Art. 73 EWG-Vertrag). Als allgemeine Schutzklausel für die Übergangszeit der Gemeinschaft ist ferner Art. 226 EWG-Vertrag anzuführen. Ein Mitgliedstaat kann „bei Schwierigkeiten, welche einen Wirtschaftszweig erheblich und voraussichtlich anhaltend, treffen oder welche die wirtschaftliche Lage eines bestimmten Gebietes beträchtlich verschlechtern können", die Genehmigung von Schutzmaßnahmen beantragen.

II. Materielle Aufsicht

In der materiellen Aufsicht ist die besondere Stabilisierung als Funktionsschutz bestimmter Wirtschaftsbereiche ausgeprägt, genauer als Schutz einer funktionsfähigen Struktur des jeweiligen Wirtschaftszweiges. Auf solche Weise wird die formelle Aufsicht, die im Kern Gefahrenabwehr ist, durch die materielle Aufsicht ergänzt. Hauptbeispiel ist die materielle Aufsicht über das Versicherungs- und Kreditwesen. Die Versicherungsaufsicht als Schutz der Eigenvorsorge des Einzelnen hat sich zuerst entwickelt. Mißstände im Versicherungswesen des Auslands führten für diesen Wirtschaftsbereich bereits in der zweiten Hälfte des 19. Jahrhunderts zu einer Auseinandersetzung über die staatliche Einflußnahme auf das „Gefahren-Geschäft". Die Auseinandersetzung reichte von staatlichen Plänen für eine einheitliche und effektive Aufsicht bis zu Vorschlägen zur Verstaatlichung des Wirtschaftszweiges[14]. Nach längeren Vorbereitungen trat dann im Jahre 1901 das Gesetz über die privaten Versicherungsunternehmen[15] in Kraft. Es ging davon aus, daß die individuelle Gefahrenabwehr in diesem Bereich nicht ausreiche.

---

[13] Vgl. *Carstens*, Die Errichtung des gemeinsamen Marktes in der Europäischen Wirtschaftsgemeinschaft, Atomgemeinschaft und Gemeinschaft für Kohle und Stahl, in Zeitschrift für ausländisches öffentliches Recht und Völkerrecht, Bd. 18 (1958), S. 482; *Wohlfahrt-Everling-Glaesner-Sprung*, Die Europäische Wirtschaftsgemeinschaft, 1960, besonders § 226.

[14] Siehe das Rundschreiben des Reichskanzlers vom 4. 8. 1879, abgedruckt in Zeitschrift für die gesamte Staatswissenschaft, Bd. 37 (1881), S. 173; vgl. andererseits *A. Wagner*, Der Staat und das Versicherungswesen, a.a.O., S. 102.

[15] RGBl. 1901 I, S. 139; zur Entwicklungsgeschichte der Versicherungsaufsicht siehe: 50 Jahre materielle Versicherungsaufsicht, hrsg. von *Rohrbeck*, 3. Bde., 1952—1955.

II. Materielle Aufsicht

Das Versicherungswesen wurde daher einer „materiellen" Staatsaufsicht unterstellt.

Das Gesetz von 1901 umfaßt in seiner Entstehungs- und Entwicklungsgeschichte die ganze Spannweite von der allgemeinen Versicherungspflege bis zu ihrer Besonderung in der materiellen Versicherungsaufsicht, wie sie heute zu verstehen ist, nämlich als Funktionsschutz eines bestimmten Wirtschaftsbereichs. In der amtlichen Begründung des Gesetzes kommt die Wohlfahrtspflege noch in ihrer vollen Breite als Sorge für eine „gedeihliche Entwicklung" zum Ausdruck. Der Gesetzentwurf knüpft an die bewährten landesrechtlichen Aufsichtssysteme an, nach denen sich das deutsche Versicherungswesen „gesund und kräftig" entwickelt habe[16]. Doch sind in der Begründung auch die in diesem Bereich besonders bedeutsamen Sicherheitsfragen hervorgehoben. Sie führt dazu aus: „Es ist nicht bloß die Höhe der dem Versicherungszwecke gewidmeten und der durch die Versicherung gewährleisteten Summen, welche die wichtige Rolle des Versicherungswesens im Wirtschaftsleben bedingt. Vor allem müssen auch die eigenartigen, für den Volkswohlstand und das ethische Volksleben bedeutsamen Funktionen ins Auge gefaßt werden, durch welche sich das Versicherungswesen von den sonstigen Wirtschaftszweigen wesentlich abhebt. Wie der durch die Versicherung ermöglichte Schutz des einzelnen gegen die vernichtenden und zerrüttenden Wirkungen elementarer Schäden eine wichtige volkswirtschaftliche und zugleich kulturelle Errungenschaft bildet, so ist die durch die Lebensversicherung zu erreichende Fürsorge der Versicherungsnehmer für die Zukunft ihrer Familienangehörigen nicht bloß eine für letztere segensreiche Betätigung des Familiensinns und der Familienpflichten, sondern auch für die Vorsorgenden selbst ein Mittel, sich von drückender Sorge für die Zukunft zu befreien und sich für die Anforderungen der Gegenwart Muße und Schaffensfreudigkeit zu sichern. Unter diesen Umständen ist es bei der dem deutschen Volk eigenen Auffassung von den Aufgaben des Staates unmöglich, dem

---

[16] Vgl. die Begründung des Entwurfs Verhandlungen des Reichstags, 10. Legislaturperiode, II. Session 1900/1901, Anlage zu den Sten. Berichten Nr. 5, S. 32: „Für das im Entwurfe gewählte System der materiellen Staatsaufsicht und der Konzessionierung fällt übrigens, wie oben bereits angedeutet wurde, auch die historische Entwicklung, welche das Versicherungswesen in Deutschland genommen hat, besonders schwer ins Gewicht. In dem weitaus größten Theile des Reichsgebiets stand schon seither das Landesrecht auf dem Boden der Staatsaufsicht mit Konzessionspflicht. Dieser Aufsicht waren in ihrem Sitze auch insbesondere die größeren Anstalten unterworfen, die ihren Geschäftskreis auf mehrere Bundesstaaten erstreckten. So kamen indirekt auch solchen Bundesstaaten, in denen für Versicherungsanstalten völlige gesetzliche Ungebundenheit hinsichtlich der Eröffnung und Gestaltung ihres Geschäftsbetriebs bestand, die Vorzüge des ersteren Systems vielfach zugute. Und dieses System hat sich im Ganzen ... praktisch bewährt; unter ihm hat sich das deutsche Versicherungswesen in seiner Gesamtheit gesund und kräftig entwickelt. ..."

Staate dem Versicherungswesen gegenüber kein anderes Interesse und keine anderen Pflichten zuzusprechen, als gegenüber einer beliebigen, auf Erzeugung und Bereitstellung materieller Güter für den Volksbedarf gerichteten freien Gewerbetätigkeit[17]."

Die Beratungen des Gesetzentwurfs führten bereits zu einer wesentlichen Einschränkung der dort vorgesehenen Versicherungsaufsicht, die allerdings später wieder beseitigt wurde. Nach § 7 des Entwurfs durfte die Erlaubnis zum Geschäftsbetrieb auch wegen einer „Gefährdung des Gemeinwohls" versagt werden. Der Reichstag lehnte diese Klausel als zu unbestimmt ab. Die Zulassung durfte nach der endgültigen Fassung des Gesetzes nur dann verweigert werden, wenn der Geschäftsplan gesetzlichen Vorschriften zuwiderlief oder wenn er die Belange der Versicherten nicht hinreichend wahrte, ferner, wenn die Erfüllung der Verträge nicht hinreichend gesichert war und außerdem, wenn zu erwarten war, daß der Geschäftsbetrieb sich nicht in den Grenzen der Gesetze oder der guten Sitten halten würde. Im übrigen blieb es bei der weitgefaßten Ermächtigung des § 64, wonach das Aufsichtsamt befugt war, alle Anordnungen zu treffen, „welche geeignet sind, den Geschäftsbetrieb mit den gesetzlichen Vorschriften und dem Geschäftsplan im Einklang zu halten oder Mißstände zu beseitigen, durch welche die Interessen der Versicherten gefährdet werden oder der Geschäftsbetrieb mit den guten Sitten in Widerspruch gerät".

Der Einfluß der Versicherungsaufsicht wurde in den Wirtschaftskrisen nach dem Ersten Weltkrieg noch verstärkt. Während der Inflationszeit fügte der Gesetzgeber durch das Änderungsgesetz von 1923[18] den § 67 a ein. Bestehende Versicherungsverträge konnten danach wegen „Veränderung der allgemeinen wirtschaftlichen Verhältnisse" angepaßt werden. Später wurde auch die Versicherungswirtschaft in das wachsende totalitäre System einbezogen. Die Novelle des Versicherungsaufsichtsgesetzes von 1937[19] verfügte die Bedürfnisprüfung nicht nur für die Zulassung von Versicherungsunternehmen zum Geschäftsbetrieb, sondern auch für die Änderung der Geschäftspläne.

Zu einer näheren rechtlichen Konturierung der Versicherungsaufsicht im Sinne wirtschaftlicher Existenzsicherung kam es erst nach dem Zweiten Weltkrieg. Dazu hat besonders die Rechtslehre beigetragen. So hat Starke[20] die sog. „Strukturtheorie" entwickelt, die sich auch das

---

[17] Verhandlungen des Reichstags, a.a.O., S. 35.
[18] RGBl. 1923 I, S. 684.
[19] RGBl. 1937 I, S. 269.
[20] *Starke,* Die Entwicklungslinien der materiellen Staatsaufsicht in der ersten Hälfte des 20. Jahrhunderts, in 50 Jahre materielle Versicherungsaufsicht, a.a.O., 3. Bd., 1955, S. 65; siehe auch *R. Schmidt,* Europäisches Versicherungsaufsichtsrecht, 1. Bd., 1966, S. 3.

II. Materielle Aufsicht

Aufsichtsamt zu eigen gemacht hat. Nach dieser Theorie besteht die besondere Struktur der Versicherungswirtschaft einmal in dem fast unbeschränkt vermehrbaren Angebot einer abstrakten Ware und zum anderen in der hohen Vertrauensempfindlichkeit des Versicherungsgeschäfts. Diese Struktur bringt nach der Ansicht von Starke die Gefahr von Fehlentwicklungen mit sich, die durch den Wettbewerb nicht hinreichend gesteuert werden. Aufgabe der Versicherungsaufsicht ist es daher, solchen Gefahren zu begegnen. Weitere Befugnisse, vor allem auf dem Gebiet der Lenkung, sollen dem Aufsichtsamt nicht zustehen.

An diese mehr ökonomisch begründete Theorie knüpft Stein[21] an, der sie zu einem allgemeineren rechtlichen Verständnis als staatlicher Funktionsschutz erweitert. Stein bemerkt zu Recht, daß sich die „Struktur"-Theorie von der individuell verstandenen, herkömmlichen „Pflicht" abwendet und den Wirkungszusammenhang in den Vordergrund stellt, in den der Einzelne eingeordnet ist. Aufgabe der so verstandenen Versicherungsaufsicht ist es, die Funktionsfähigkeit des Wirtschaftszweiges zu sichern. Die Versicherungsaufsicht ist Bestandteil der allgemeinen Verantwortung des Sozialstaats „für das Funktionieren lebenswichtiger gesellschaftlicher Funktionen"[22]. Damit ist zugleich die materielle Aufsicht über das Versicherungswesen als besondere Stabilisierung abgegrenzt.

Diese Abgrenzung bedeutet jedoch nicht, daß die Versicherungsaufsicht ausschließlich als materielle Aufsicht zu betrachten ist. Die Elemente der Gefahrenabwehr dürfen neben dem lenkenden Funktionsschutz nicht übersehen werden[23]. Das gilt vor allem im Hinblick auf eine differenzierende Neufassung des Versicherungsaufsichtsgesetzes. So besteht z. B. ein fundamentaler Unterschied zwischen der individuellen „Zuverlässigkeit" und dem lagebedingten „Bedürfnis". Noch stärker zeigt sich der Unterschied zwischen Gefahrenabwehr und lenkendem Funktionsschutz, wenn man der Theorie von Stein die von Peters entwickelte Konzeption der Versicherungsaufsicht gegenüberstellt. Peters[24]

---

[21] *Stein*, Die Wirtschaftsaufsicht, 1967.

[22] *Stein*, a.a.O., S. 19.

[23] Anderer Ansicht ist *Stein*, der die Versicherungsaufsicht, wie die gesamte Wirtschaftsaufsicht, rein funktional auffaßt (siehe S. 20: Die Wirtschaftsaufsicht als funktionale Einheit). Eine solche funktionale Homogenisierung widerspricht jedoch einer liberal-sozialen Verfassung, die gerade nicht homogen ist. Gefahrenabwehr und sichernde Lenkung müssen daher auch innerhalb der Wirtschaftsaufsicht unterschieden werden. Vgl. dazu *Bullinger*, Staatsaufsicht in der Wirtschaft, in VVDStRL, Heft 22 (1965), S. 264.

[24] *Peters*, Zu den Grenzen der staatlichen Versicherungsaufsicht, in Festschrift für Heinrich Lehmann zum 80. Geburtstag, 1956, S. 895; siehe auch *Prölss*, Wandlungen des Versicherungsrechts, in Zeitschrift für die gesamte Versicherungswissenschaft, Bd. 50 (1961), S. 109; ders., Versicherungsaufsichtsgesetz, 5. Aufl., 1966.

sieht die Versicherungsaufsicht ausschließlich als Gefahrenabwehr an. Ausgehend vom polizeilichen Gefahrenbegriff entwickelt er einen Katalog der spezifischen Individualgefahren des Versicherungsgeschäfts, wie z. B. falsche Vorstellungen des Versicherten über den Umfang des gewährten Schutzes und den Umfang seiner Leistungspflichten, ungenügende Deckung der Schadensaufwendungen sowie Übervorteilung des Versicherten im Versicherungsfall. Auf die Abwehr dieser Gefahren soll die Versicherungsaufsicht beschränkt sein.

Die Konzeption von Peters ist allerdings ähnlich einseitig wie die von Stein. Den besonderen Verhältnissen der Versicherungswirtschaft angepaßt und zugleich den Erfordernissen der Gesamtrechtsordnung am besten entsprechend, ist eine dualistische Theorie. Diese hat Weber[25], vor allem im Hinblick auf eine stärkere rechtliche Differenzierung bei einer zukünftigen Neufassung des Gesetzes entwickelt. Weber warnt vor einer Beschränkung der Versicherungsaufsicht auf gewerbepolizeiliche Befugnisse. Er ist der Auffassung, gerade der Sozialstaat müsse auch für das Funktionieren des Versicherungswesens sorgen. Andererseits müsse man zwischen den verschiedenen Versicherungsarten unterscheiden. Die Versicherungen für die große Zahl des Publikums müßten einer besonderen Vorsorge unterliegen. Anders seien diejenigen Versicherungsarten zu beurteilen, die lediglich Wirtschaftsunternehmen betreffen. Hier könne sich die Aufsicht mehr auf gewerbepolizeiliche Aufgaben beschränken.

Die Ausprägung der besonderen Stabilisierung als materielle Aufsicht im Sinne eines bestimmten Funktionsschutzes setzt sich in der Bankenaufsicht fort. Das Bankwesen ist ähnlich wie die Versicherungswirtschaft ein Bereich von besonderer ökonomischer Sicherheitsbedeutung. Diese Bedeutung ist vor allem in der Weltwirtschaftskrise hervorgetreten. Die allgemeine Bankenaufsicht wurde zunächst durch die Verordnung des Reichspräsidenten über Aktienrecht, Bankenaufsicht etc. von 1931[26] eingeführt. Dem Provisorium, das wiederum an die Ausnahme-Ermächtigung des Art. 48 WRV anknüpfte, folgte alsbald eine eigene Regelung in dem Kreditwesengesetz von 1934[27]. Es enthielt weitreichende Lenkungsbefugnisse des Aufsichtsamts. Schon der Untersuchungsausschuß für das Bankwesen, der zur Vorbereitung des Gesetzes eingerichtet worden war, hatte in seinem Bericht[28] ausgeführt, die Aufsicht über das

---
[25] *Weber*, Die Versicherungsaufsicht in der gegenwärtigen Rechtsentwicklung, in Zeitschrift für die gesamte Versicherungswissenschaft, a.a.O., S. 333; ders., Versicherungsaufsicht, in Handwörterbuch der Sozialwissenschaften, Bd. 11, S. 206.
[26] RGBl. 1931 I, S. 501; siehe auch die Verordnung des Reichspräsidenten über Bankfeiertage, RGBl. 1931 I, S. 361.
[27] RGBl. 1934 I, S. 1203.
[28] Abgedruckt bei *Pröhl*, Reichsgesetz über das Kreditwesen, 2. Aufl. 1939, S. 9.

II. Materielle Aufsicht

Kreditwesen werde dafür sorgen müssen, daß die Kreditgebahrung der Institute mit der Währungs- und Kreditpolitik des Reiches sowie der allgemeinen Wirtschaftspolitik übereinstimme. Den Zielen der neuen Reichsführung entsprechend, müßten verstärkte Einwirkungsmöglichkeiten geschaffen werden, um alle Wirtschaftskreise auf die nationale Wiederaufbauarbeit zu konzentrieren. In diesem Sinne bestimmte das Gesetz in seinem § 32 die Befugnisse der Bankenaufsicht. Das Aufsichtsamt hatte, außer den ihm im Gesetz besonders zugewiesenen Geschäften, die Aufgabe, „für die Beachtung allgemeinwirtschaftlicher Gesichtspunkte in der allgemeinen Kredit- und Bankpolitik und für die Beseitigung im Kreditwesen auftretender Mißstände zu sorgen". Außerdem führte das Gesetz die Bedürfnisprüfung für die Zulassung zum Kreditgewerbe ein (§ 4).

Die nähere rechtliche Begrenzung der Bankenaufsicht vollzieht sich, ähnlich wie bei der Versicherungsaufsicht, erst nach dem Zweiten Weltkrieg. Sie ist in dem Gesetz über das Kreditwesen von 1961[29] festgelegt. Die materielle Aufsicht wird auf die Sicherung der Funktionsfähigkeit des Kreditwesens beschränkt. Eine Bedürfnisprüfung ist nicht mehr zulässig. Auch die laufende Aufsicht ist nunmehr als ein auf die besondere Struktur des Wirtschaftszweiges bezogener Funktionsschutz begrenzt. Die amtliche Begründung weist dazu auf die Funktion der Einlagensammlung und der Kreditversorgung hin, die dem Kreditgewerbe innerhalb der Volkswirtschaft eine zentrale Stellung gebe. Ernstere Schwierigkeiten blieben deshalb erfahrungsgemäß nicht auf diesen Bereich beschränkt, sondern wirkten sich auch auf andere Wirtschaftszweige aus. Der Staat könne gegenüber diesen „Gefahren, die der Allgemeinheit von Störungen im Kreditwesen drohen" nicht untätig bleiben[30].

In diesem Sinne ist auch im Gesetz selbst eine eigene Funktionsschutzklausel enthalten. Nach § 6 Abs. 2 Kreditwesengesetz hat das Bundesaufsichtsamt, „Mißständen im Kreditwesen entgegenzuwirken, die die Sicherheit der den Kreditinstituten anvertrauten Vermögenswerte gefährden, die ordnungsmäßige Durchführung der Bankgeschäfte beeinträchtigen oder erhebliche Nachteile für die Gesamtwirtschaft herbeiführen können"[31]. Hinzu kommen Einzelvorschriften. So kann die Bundesregierung einen Zahlungsaufschub bzw. die Einstellung des Kundenverkehrs anordnen, wenn „wirtschaftliche Schwierigkeiten bei Kredit-

---

[29] BGBl. 1961 I, S. 881; vgl. dazu *Consbruch-Möller*, KWG-Kommentar 1965; *Szagunn-Neumann*, Gesetz über das Kreditwesen, 2. Aufl., 1967; siehe auch *Starke*, Die Neuregelung der Bankenaufsicht und ihre Bedeutung für die Versicherungswirtschaft, in Zeitschrift für die gesamte Versicherungswissenschaft, 49. Bd. (1960), S. 15.
[30] a.a.O., S. 19.
[31] Siehe dazu *Consbruch-Möller*, a.a.O., § 6, Nr. 3.

instituten" zu befürchten sind, die „schwerwiegende Gefahren für die Gesamtwirtschaft", besonders für den allgemeinen Zahlungsverkehr, erwarten lassen.

III. Marktordnung

In den Marktordnungen hat sich eine besondere Stabilisierung ausgebildet, die auch den Wirtschaftsablauf ergreift. Marktordnung bedeutet vor allem ständige staatliche Preisbildung, mit dem Ziel, Erzeugern und Verbrauchern ein stabiles Preisniveau bei stetiger Versorgung zu sichern. Dementsprechend sind die Marktordnungen in Wirtschaftsbereichen zu finden, die als ungeeignet für eine Steuerung über den einfachen Marktpreis angesehen werden. Hauptbeispiele sind die Agrarmärkte, für die eine besondere, auf die jeweilige Marktlage bezogene, Stabilisierung besteht.

Die landwirtschaftlichen Marktordnungen sind während der Weltwirtschaftskrise entstanden, die zugleich eine Agrarkrise war[32]. Die ersten Maßnahmen stützen sich weitgehend auf die Ausnahme-Ermächtigung des Art. 48 WRV. So z. B. die Maßnahmen zum Schutz der Landwirtschaft in der 1. Verordnung zur Sicherung von Wirtschaft und Finanzen von 1930[33], ferner die Verordnung zur Erleichterung der Erntebewegung von 1931 und die auf Grund dieser Verordnung ergangene weitere Verordnung über die Einlagerung von Getreide durch die deutsche Getreidehandelsgesellschaft[34]. Daneben sind selbständige Regelungen zu verzeichnen, die in der weiteren Entwicklung die Notregelung ablösen. Hierzu gehören zunächst etwa das Maisgesetz und das Brotgesetz von 1930[35]. Im Jahre 1933 erging dann das Gesetz zur Sicherung der Getreidepreise[36]. Nach diesem Gesetz konnten Festpreise für Roggen und Weizen bestimmt werden. Die Preise wurden regional gestaffelt, und zwar in der Weise, daß sie in den Überschußgebieten niedriger bemessen waren. Das Gesetz zur Ordnung der Getreidewirtschaft von 1934[37] erweiterte diese Marktordnung auf den gesamten Warenverkehr vom Erzeuger bis zum Verbraucher. Der Reichsminister für Ernährung und Landwirtschaft war ermächtigt, neben den Preisen auch die Pro-

---

[32] Vgl. *Sering*, Deutsche Agrarpolitik im Rahmen der inneren und äußeren Wirtschaftspolitik, 1932; *Schiller*, Marktregulierung und Marktordnung in der Weltagrarwirtschaft, 1940; sowie aus der neueren Literatur *von Dietze*, Grundzüge der Agrarpolitik, 1967.
[33] RGBl. 1930 I, S. 600.
[34] RGBl. 1931 I, S. 433 und S. 477.
[35] RGBl. 1930 I, S. 88 und S. 299.
[36] RGBl. 1933 I, S. 667.
[37] RGBl. 1934 I, S. 629.

III. Marktordnung

duktionsmengen zu regulieren. Er konnte dazu den Bedarf an Brotgetreide feststellen und die entsprechenden Liefermengen auf bestimmte Liefergebiete verteilen (§ 2). Außerdem konnten den Erzeugern Ablieferungspflichten auferlegt werden (§ 1).

Die landwirtschaftlichen Marktordnungen wurden jedoch nicht nur intensiviert, sondern auch ideologisiert. Es sollte eine „neue bäuerliche Lebensordnung" entstehen. Zu diesem Zweck wurden die Marktordnungen mit dem Reichsnährstand verbunden[38]. Nach dem Gesetz über den vorläufigen Aufbau des Reichsnährstands von 1933 und der ersten Verordnung zu diesem Gesetz[39] hatte er die Aufgabe, „seine Angehörigen in Verantwortung für Volk und Reich zu einer lebenskräftigen Stütze für den Aufbau, die Erhaltung und die Kräftigung des deutschen Volkes zusammenzuschließen" (§ 2 der ersten Verordnung). Die Landwirtschaft sollte auf diese Weise nicht nur wirtschaftlich gesichert, sondern auch korporativ umgeformt werden. Solidarromantik und Totalitarismus führten zu einer vielfachen Gruppengliederung der Landwirtschaft, die wiederum in die politische Gliederung einbezogen wurde. Auf Grund der Generalermächtigung des Gesetzes über den vorläufigen Aufbau des Reichsnährstands konnte der Reichsernährungsminister Angehörige des Reichsnährstands — zur Regelung der Erzeugung, des Absatzes und der Preise — zusammenschließen (§ 3). So wurden z. B. durch die Verordnung zur Ordnung der Getreidewirtschaft von 1934[40] 19 regionale Getreidewirtschaftsverbände gebildet. Sie waren in der Hauptvereinigung der deutschen Getreidewirtschaft zusammengefaßt. An die Weisungen dieser Hauptvereinigung waren die Verbände gebunden. Diese Zusammenschlüsse wurden dann durch die 4. Verordnung über den vorläufigen Aufbau des Reichsnährstandes von 1935[41] dem Reichsnährstand einverleibt. Er hatte darüber zu wachen, daß sie „die Vorschriften der Gesetze und der Satzung befolgen, die Bedürfnisse der jeweils beteiligten Markt-

---

[38] Vgl. z. B. *Rauber*, Aufbau und Aufgaben des Reichsnährstandes, in Jahrbuch für Nationalsozialistische Wirtschaft, 1935, S. 75: „Die Schaffung des Reichsnährstandes und seine bisherige Tätigkeit und Entwicklung lassen mit besonderer Klarheit das Wesen der durch den Nationalsozialismus eingeleiteten Wirtschaftswende erkennen: die eindeutige und entschiedene Ablehnung einer liberalistisch-kapitalistischen Wirtschaftsordnung, die als leitende Kraft des wirtschaftlichen Lebens den schrankenlosen Gewinntrieb des einzelnen anerkennt, und die Forderung einer neuen Wirtschaftsordnung, in der als leitende Kräfte Erkenntnis und Wille herrschen, und zwar eine bluts- und volksgebundene Erkenntnis, die auf einem klaren Bewußtsein von der Verbundenheit des Volkes auch im Wirtschaftlichen und von der Notwendigkeit des Schutzes völkischer Lebenswerte im Wirtschaftsleben beruht." Zur Ideologisierung von Wirtschaftssystemen vgl. allgemein *Küng*, Wirtschaft und Gerechtigkeit, 1967.
[39] RGBl. 1933 I, S. 626 und S. 1060; siehe dazu *Merkel*, Die Marktordnung und ihr Recht, 1942.
[40] RGBl. 1934 I, S. 629.
[41] RGBl. 1935 I, S. 170.

C. Besondere Stabilisierung

gebiete berücksichtigen, ihre Anordnungen und Maßnahmen mit den vom Reichsnährstand wahrzunehmenden Aufgaben in Einklang bringen und den Belangen der Gesamtwirtschaft und des Gemeinwohls Rechnung tragen" (§ 2).

Erst nach dem Zweiten Weltkrieg werden die landwirtschaftlichen Marktordnungen in ihrer heutigen Schutzfunktion geprägt. Die Marktordnungsgesetze von 1951[42] sollen vor allem stabile Preise bei stetiger Versorgung sichern. Dabei sollen sowohl die Erzeuger als auch die Verbraucher geschützt werden. Die Stabilisierung erfolgt einmal durch die Einfuhr- und Vorratsstellen. Sie bilden eine außenwirtschaftliche Absicherung eigener Art, die regelmäßig mit den Marktordnungen verbunden ist. Außerdem besteht eine vielfältige Binnenmarktordnung. Darin tritt die Marktlage in den Vordergrund. Sie wird nach der Art des Produkts, genauer nach der Intensität des Sicherheitsbedürfnisses, beobachtet und gelenkt.

Im Unterschied zu den bisher erörterten Beispielen der besonderen Stabilisierung sind die Ziele der Marktordnungen, infolge der größeren Vorhersehbarkeit der Entwicklung, nicht nur in Ermächtigungsklauseln, sondern weitgehend im Gesetz selbst ausgeformt. Dabei differenzieren die einzelnen Gesetze zunächst zwischen Grundnahrungsmitteln und anderen landwirtschaftlichen Produkten. Soweit es sich nicht um Grundnahrungsmittel handelt, findet nur eine zusätzliche stabilisierende Lenkung statt. So kann der Bundesernährungsminister nach dem Fischgesetz[43] Stützungsbeträge gewähren, wenn die Seefischer ihre Fänge nicht zu einem bestimmten Mindestpreis absetzen können (§ 3). Diese Stützungsmaßnahmen werden aus regelmäßigen Beiträgen der Seefischerei finanziert (§ 4).

Auch bei den Grundnahrungsmitteln sind die Marktordnungen differenziert. Nach dem Vieh- und Fleischgesetz[44] ist keine unmittelbare Preisregelung vorgesehen. Es besteht jedoch eine gesteigerte Beobachtung der Marktlage durch die amtliche Notierung der Schlachtviehpreise auf Großmärkten (§ 13). Außerdem herrscht Marktzwang, d. h. Schlachtvieh darf innerhalb eines Marktgebiets nur auf bestimmten Märkten gehandelt werden. Für Getreide ist dagegen eine umfassende Preisregelung vorgesehen. Nach dem Getreidegesetz, in Verbindung mit dem Getreidepreisgesetz[45], werden jährlich Höchst- und Mindestpreise für inländische Getreide festgesetzt. Reicht diese Regelung „zur Sicherung

---

[42] Vgl. *Rinck*, Wirtschaftsrecht, 1963, S. 121; *Reuss*, Wirtschaftsverwaltungsrecht I, Abschnitt IV, bearbeitet von *Kunze*, in *v. Brauchitsch-Ule*, Verwaltungsgesetze des Bundes und der Länder, Band VIII, 1. Halbband, 1963.

[43] BGBl. 1955 I, S. 567.

[44] BGBl. 1951 I, S. 272.

[45] BGBl. 1951 I, S. 901; sowie z. B. das Getreidepreisgesetz von 1961/62, BGBl. 1961 I, S. 772.

III. Marktordnung

des Preisstandes" nicht aus, so kann der Bundesernährungsminister u. a. Verarbeitungs- und Handelsspannen sowie Zahlungs- und Lieferungsbedingungen vorschreiben. Noch weiter geht schließlich die Marktordnung nach dem Milch- und Fettgesetz[46]. Hier ist nicht nur ein ähnliches Preisrecht wie im Getreidegesetz zu verzeichnen, sondern außerdem eine bestimmte Regelung der Absatzwege. Milch darf nur über bestimmte Molkereien in den Verkehr gebracht werden. Der Erzeuger hat die Milch an die Molkerei abzuliefern, die zur Abnahme verpflichtet ist (§ 1). Die dazu erforderliche Bildung von Einzugsgebieten hat zur Folge, daß die Unterschiede in den Erträgen von standortgünstigen, marktnahen Betrieben und standortungünstigen Betrieben noch verstärkt werden. Deshalb sind bestimmte Ausgleichszahlungen vorgesehen, die „eine Annäherung der wirtschaftlichen Ergebnisse" für Milcherzeuger und Molkereien herbeiführen sollen. Der Staat leistet diese Zuschüsse aus den für die begünstigten Molkereien festgesetzten Ausgleichsabgaben (§ 12).

Der lenkungsintensive Bereich der Milchmarktordnung war auch wiederholt Gegenstand der höchstrichterlichen Rechtsprechung. So hat das Bundesverfassungsgericht zur Abgrenzung der individuellen Gefahrenabwehr im Lebensmittelrecht von den Marktordnungen festgestellt, entscheidend für die hygienisch einwandfreie Behandlung der Milch sei „nicht die ökonomische Situation, sondern die persönliche Zuverlässigkeit des Geschäftsinhabers"[47]. Zur Eigenart der Marktordnung selbst hat das Gericht ausgeführt: „Die rechtliche Ordnung wird hier weithin durch die Sachgesetzlichkeit des Marktes und die Wirtschaftstechnik bestimmt; sie muß der Entwicklung der wirtschaftlichen Lage folgen[48]." Außerdem hat das Gericht zu den Ausgleichsabgaben Stellung genommen, die das Solidaritätsprinzip in der Milchmarktordnung besonders deutlich werden lassen. Das Gericht hat zunächst allgemein bemerkt, daß Beschränkungen um so eher zumutbar seien, „als die beteiligten Betriebe auch die Vorteile der Marktordnung genießen". Die Ausgleichszahlungen bezeichnet das Gericht als Abgaben besonderer Art. Der Staat erhebe diese Abgaben nicht für sich, sondern trete nur als Vermittler der innerhalb des „geschlossenen Wirtschaftskreises" geleisteten Zahlungen auf[49].

Die Tendenz zur differenzierten Marktordnung setzt sich auch im Recht der Europäischen Wirtschaftsgemeinschaft fort, das die inner-

---

[46] BGBl. 1951 I, S. 135.
[47] BVerfGE 9, 62.
[48] BVerfGE 18, 331 f.
[49] BVerfGE 18, 328; siehe dazu *Götz*, Wirtschaftsverwaltungsrechtliche Ausgleichsabgaben, in AÖR, 85. Bd. (1960), S. 200.

staatlichen Agrarmarktordnungen weitgehend ablöst[50]. Aufschlußreich ist hier zunächst die Einführung von Richtpreisen. Sie sind unverbindlich und sollen den Beteiligten lediglich anzeigen, welches Preisniveau durch die Gesamtheit aller Marktordnungsmaßnahmen angestrebt wird. Die Vorauswirkung der Lenkung konkretisiert sich in sog. forward-prices. Im übrigen ist auch im EWG-Recht die Intensität der Marktstabilisierung nach der Art der Produkte gestuft. Neben einer eigenen außenwirtschaftlichen Sicherung, die in allen Fällen vorgesehen ist, sind die Märkte unterschiedlich reguliert. So besteht für Geflügelfleisch keine direkte Preisregelung[51]. Nach der Marktordnung für Schweinefleisch[52] wird dagegen ein Grundpreis bestimmt. Er soll u. a. so bemessen sein, daß strukturelle Überschüsse vermieden werden. Wird der Grundpreis nachhaltig unterschritten, so kann die Kommission Interventionsmaßnahmen beschließen (Art. 4). Eine umfassende Marktordnung besteht für Getreide[53]. Hier sind an Stelle der bisherigen Höchst- und Mindestpreise ein unverbindlicher Richtpreis und ein Interventionspreis vorgesehen. Der Interventionspreis liegt jeweils unter dem Richtpreis. Die von den Mitgliedstaaten bestimmten Interventionsstellen sind verpflichtet, das ihnen angebotene Getreide zu diesem Preis aufzukaufen (Art. 7). Für Getreide ist also eine besondere Mindest-Preisregelung eingeführt worden.

---

[50] Vgl. den 10. Gesamtbericht über die Tätigkeit der Gemeinschaft, 1967, S. 201; vgl. auch *Wächter*, Die Preispolitik für landwirtschaftliche Erzeugnisse in der EWG, in Berichte über Landwirtschaft, 1967, S. 521.

[51] Amtsblatt 1967, S. 2301.

[52] Amtsblatt 1967, S. 2283.

[53] Amtsblatt 1967, S. 2269.

D. Gefahrenvorsorge und Ermächtigung

Das Entstehen selbständiger Ermächtigungen zur wirtschaftlichen Daseinssicherung verleiht dieser nicht nur eigene *sozialstaatliche* Gestalt, es hat auch *rechtsstaatliche* Bedeutung. Der Zweck der wirtschaftlichen Daseinssicherung, der in den Ermächtigungen ausgeprägt ist, trägt wesentlich dazu bei, sie hinreichend zu konkretisieren[1]. Der Lenkung kann dadurch ein weiter Handlungsspielraum gewährt werden, ohne in die Uferlosigkeit des unkonturierten Wohlfahrtszwecks zu geraten. Dies fällt um so mehr ins Gewicht, als die Zielformeln der Lenkung zur ideologischen Phrase tendieren. Sie folgen nur zu leicht der sozialen Erwartung, „daß etwas geschieht", und vernachlässigen das rechtsstaatliche Bedürfnis hinreichender Bestimmtheit. So sagt Hedemann von den Zielformeln der dreißiger Jahre: „Das sieht gut aus, weckt Hoffnungen für die Zukunft und schmeckt nach Energie[2]." Im Gegensatz dazu betont Hedemann die Bedeutung der „beschränkenden Generalklausel". Er versteht darunter Ermächtigungen, die nicht nur eine besondere Reichweite, sondern gleichzeitig eine bestimmte Eingrenzung enthalten. Als Beispiel dazu nennt er u. a. das Gesetz zur Ermächtigung des Bundesrats von 1914. Nach § 3 dieses Gesetzes war der Bundesrat berechtigt, „während der Zeit des Krieges diejenigen gesetzlichen Maßnahmen anzuordnen, welche sich zur Abhilfe wirtschaftlicher Schädigungen als notwendig erweisen". Im Sinne beschränkender Generalklauseln sind auch die Ermächtigungen zur wirtschaftlichen Daseinssicherung zu verstehen. Sie enthalten einen vom allgemeinen Staatszweck her bestimmten Begriffskern, an dem sich sowohl die einschlägigen Maßnahmen, als auch die Beteiligten, ausreichend orientieren können.

---

[1] Zu den Problemen der Ermächtigung vgl. *Wolff*, Die Ermächtigung zum Erlaß von Rechtsverordnungen nach dem Grundgesetz, in AÖR, Bd. 78 (1952), S. 194; *Ule*, Über das Verhältnis von Verwaltungsstaat und Rechtsstaat, in Staats- und verwaltungswissenschaftliche Beiträge, hrsg. von der Hochschule für Verwaltungswissenschaften, Speyer, 1957, S. 127; Franz *Mayer*, Das verfassungsrechtliche Gebot der gesetzlichen Ermächtigung, in Festschrift für Nottarp, 1961, S. 187; *Jesch*, Gesetz und Verwaltung, 1961; *Böckenförde*, Die Organisationsgewalt im Bereich der Regierung, 1964; *Rupp*, Grundfragen der heutigen Verwaltungsrechtslehre, 1965; *Vogel* und *Herzog*, Gesetzgeber und Verwaltung, in VVDStRL, Heft 24 (1966), S. 125 und S. 183; *Hesse*, Grundzüge des Verfassungsrechts der Bundesrepublik Deutschland, 1967, S. 194.

[2] *Hedemann*, Die Flucht in die Generalklausel, 1933, S. 49.

Die Auseinandersetzung mit wirtschaftlichen Wirkungszusammenhängen verlangt einen besonderen Handlungsspielraum der Verwaltung. Die einschlägigen Ermächtigungsvorschriften müssen daher, den sachlichen Erfordernissen entsprechend, vielfach „objektiviert" werden. Man kann allerdings nicht sagen, daß diese Objektivierung ein typisches Merkmal des gesamten sozialstaatlichen Verwaltungsrechts ist. Wir finden auch umgekehrt eine ausgeprägte Subjektivierung, nachdem sich besonders bei den Sozialleistungen zahlreiche subjektive Rechtspositionen entwickelt haben[3]. Es ist also eine unterschiedliche Entwicklung festzustellen. Für die Lenkung ist das Erfordernis eines besonderen Handlungsspielraums von Lehre und Rechtsprechung anerkannt. So betont Huber, daß die Lenkung beweglich genug sein müsse, um ihre Maßnahmen „der jeweils wechselnden Lage" und, soweit die Lenkung individualisiert ist, auch „den Besonderheiten des Einzelfalls" anpassen zu können[4]. Dabei besteht eine gewisse Neigung, der Lenkung schlechthin, d. h. als besonderes Verwaltungsmittel, diesen Spielraum zu gewähren. Im Falle der Subvention wird sogar weitgehend auf eine gesetzliche Grundlage verzichtet. Die spezifische Finalität der Lenkung erlaubt es jedoch nicht, in der traditionellen Denkweise der Verwaltungsrechtslehre zu verharren, die das Mittel in den Vordergrund stellt. Zweck *und* Mittel sind die Kriterien für die Beurteilung der Lenkungsermächtigung.

Die Probleme der Lenkungsermächtigung kommen anschaulich in der höchstrichterlichen Rechtsprechung zu Art. 80 GG zum Ausdruck. Die einschlägigen Urteile sind zum Teil durch die Unterscheidung von Eingriff und Leistung beeinflußt und stellen daher vorwiegend auf die Besonderheit der Lenkung, d. h. auf das angewandte Mittel, ab. Doch mißt gerade die neuere Rechtsprechung dem Zweck wachsende Bedeutung zu. Sie hat schließlich auch den Zweck der wirtschaftlichen Daseinssicherung aufgegriffen.

Soweit die Rechtsprechung von der herkömmlichen Eingriffstheorie ausgeht, unterscheidet sie zwischen dem klassischen Eingriff in den individuell beherrschbaren Bereich und dem Eingriff in Wirkungszusammenhänge im Wege der Lenkung. An die Ermächtigungen zum spezifisch individuellen Eingriff werden strenge Anforderungen gestellt[5]. Das gilt im wirtschaftlichen Bereich vor allem für das Steuerrecht, jedenfalls in

---

[3] Vgl. *Knoll*, Die sozialethischen und rechtlichen Wandlungen in der Beurteilung des Armenwesens, in Zeitschrift für die gesamte Staatswissenschaft, Bd. 111 (1955), S. 418; *Gottschick*, Das Bundessozialhilfegesetz, 3. Aufl., 1966, mit weiteren Nachw.; siehe auch *Bethusy-Huc*, Das Sozialleistungssystem der Bundesrepublik Deutschland, 1965.

[4] *Huber*, Wirtschaftsverwaltungsrecht, Bd. 2, 2. Aufl., 1954, S. 197.

[5] Vgl. *Jesch*, a.a.O., S. 217.

D. Gefahrenvorsorge und Ermächtigung

den Teilen, die nicht der Lenkung dienen. So hat das Bundesverfassungsgericht in einer Entscheidung zum Umsatzsteuergesetz[6] erklärt, eine Ermächtigung dürfe nicht so unbestimmt sein, „daß der Staatsbürger nicht mehr voraussehen kann, in welchen Fällen und mit welcher Tendenz von ihr Gebrauch gemacht wird und welchen Inhalt die auf Grund der Ermächtigung erlassenen Verordnungen haben können". In einer anderen Entscheidung zum Abgabenrecht hat das Gericht ausgeführt, eine Ermächtigung müsse so bestimmt sein, „daß schon aus ihr und nicht erst aus der auf sie gestützten Verordnung erkennbar und voraussehbar ist, was vom Bürger gefordert werden kann"[7]. Im Unterschied zum klassischen Eingriff legt die Rechtsprechung bei der Eingriffslenkung einen weiteren Maßstab an. Das Bundesverwaltungsgericht bemerkt dazu in einer Entscheidung zum Außenwirtschaftsrecht[8], daß sich gerade im Bereich der wirtschaftslenkenden Verwaltung eine gewisse „Elastizität der Tragweite der Ermächtigung" aus der Natur der Sache ergebe. In ähnlicher Weise hat sich das Bundesverwaltungsgericht in Entscheidungen zum Verkehrsfinanzgesetz und zum Mineralölgesetz geäußert[9].

In den Entscheidungen zum Subventionsrecht sieht die Rechtsprechung schließlich von einer gesetzlichen Grundlage ganz ab[10]. Dabei wird besonders deutlich, wie sehr die Gerichte noch in der Alternative von Eingriff und Leistung befangen sind, unabhängig davon, welcher Zweck verfolgt wird. So bejaht das Bundesverwaltungsgericht in seinem Urteil zum Ölmühlenpreisausgleich[11] das Erfordernis einer gesetzlichen Grundlage, wenn zwischen der Auferlegung von Belastungen und der Gewährung von Begünstigungen ein untrennbarer Wechselbezug besteht. Bilden also Eingriff und Leistung ein Ganzes, so werden die Regeln für den Eingriff angewendet. Dementsprechend bedürfen die Ausgleichsleistungen für den Ölmühlenpreisausgleich nach diesem Urteil ebenso der gesetzlichen Regelung wie die Ausgleichsabgaben. Für die einfache Subventionsleistung verlangt das Gericht dagegen kein Gesetz[12]. Auch der

---

[6] BVerfGE 15, 160.
[7] BVerfGE 10, 258.
[8] BVerwGE 18, 339.
[9] Buchholz, BVerwG 451.55, Nr. 10 und 11.
[10] Demgegenüber neigt die Lehre mehr dazu, auch für Subventionen eine gesetzliche Grundlage zu verlangen. Vgl. *Ipsen*, Öffentliche Subventionierung Privater, 1956; *Stern*, Rechtsfragen der öffentlichen Subventionierung Privater, in JZ 1960, S. 518; *Mallmann*, Schranken nichthoheitlicher Verwaltung, in VVDStRL, Heft 19 (1961), S. 165; *Rupp*, a.a.O.; *Köttgen*, Fondsverwaltung in der Bundesrepublik, 1965; *Friauf*, Bemerkungen zur verfassungsrechtlichen Problematik des Subventionswesens, in DVBl. 1966, S. 729; *Götz*, Recht der Wirtschaftssubventionen, 1966; *Ipsen* und *Zacher*, Verwaltung durch Subventionen, in VVDStRL, Heft 25 (1967), S. 257 und S. 308.
[11] BVerwGE 6, 288.
[12] Urteil zum Margarinepreisausgleich, in DVBl. 1959, S. 573.

hessische Verwaltungsgerichtshof vertritt diese Auffassung[13]. Er stützt sich dabei u. a. auf die Meinung von Peters[14], wonach die gestaltende und leistende Tätigkeit der Verwaltung aus der Natur der Sache nicht von einer gesetzlichen Ermächtigung abhängig gemacht werden könne. Diese Behauptung steht allerdings im Gegensatz zu der Tatsache, daß weite Gebiete der Subventionen bereits ausführlich geregelt sind, und zwar in Verwaltungsvorschriften[15]. Der Versuch, das Problem der Lenkungsermächtigung über ein spezifisch gesetzesfreies Mittel zu lösen, geht daher von falschen Voraussetzungen aus. Entscheidend für die Frage der Lenkungsermächtigung ist der verfolgte Zweck. Erst vom Zweck aus, dem das Mittel dienen soll, kann auch unter dem Kriterium des Mittels weiter differenziert werden.

Der Zweck der Lenkung ist es auch, der in der Rechtsprechung zur Lenkungsermächtigung immer deutlicher hervortritt. In seinem Urteil zur Ermächtigung des § 6 Fischgesetz[16], die Verordnungen über Beiträge zur Förderung des Fischabsatzes betrifft, geht das Bundesverfassungsgericht sowohl auf den erforderlichen Spielraum der Lenkung ein, als auch auf das „Programm", das verwirklicht werden soll. Zur Abhängigkeit der Absatzförderung von der jeweiligen Marktlage führt das Gericht aus: „Da die Förderungsmaßnahmen jahreszeitlich verschieden sein werden und sich die Marktlage innerhalb kürzester Zeit aus den verschiedensten Gründen ändern kann, ist es nicht nur zulässig, sondern auch sinnvoll, dem zuständigen Bundesminister die Entscheidung zu überlassen, wie der Absatz von Fischen und Fischwaren entsprechend den Bedürfnissen der jeweiligen Lage zu fördern ist, und wie die hierfür nötigen Mittel aufgebracht werden." Darüber hinaus prüft das Gericht ausführlich den Zweck der Ermächtigung. Es stellt fest, daß sie hinreichend erkennen läßt, welchem Ziel die zu erlassenden Verordnungen dienen sollten. So habe z. B. der Verordnungsgeber keine Wahl zwischen mehreren Arten der Absatzförderung. Vielmehr sei er auf die Beitragserhebung zum Zweck der Absatzförderung durch Werbung beschänkt. Das Fischgesetz ziele darauf ab, „den Absatz von Fischen im Interesse der Verbesserung der wirtschaftlichen Gesamtlage der Fischwirtschaft zu steigern, und zwar durch Erhöhung des Verbrauchs". Diesem Ziel dienten die im Gesetz vorgesehenen Maßnahmen zur gleichmäßigen Marktbeschickung und zur Herbeiführung gleichmäßiger Preise. Die Förderungsmittel nach dem Fischgesetz sollten ergänzend

---

[13] DVBl. 1963, S. 443.

[14] *Peters*, Verwaltung ohne gesetzliche Ermächtigung, in Festschrift für Hans Huber, 1961, S. 206.

[15] Vgl. z. B. *Roth*, Staatliche Strukturhilfen im nationalen und übernationalen Recht, in Bd. 32 der Schriftenreihe der Hochschule Speyer, 1967, S. 121.

[16] BVerfGE 20, 304.

D. Gefahrenvorsorge und Ermächtigung

auf die Verbrauchssteigerung wirken, wofür nur noch die Werbung in Frage komme.

Auch in einem Urteil zum Zollgesetz[17] hat sich das Gericht näher mit dem Zweck der Lenkung befaßt. Gegenstand der Prüfung war der § 49 des Zollgesetzes von 1939, wonach durch Rechtsverordnung Erläuterungen zur Auslegung und Anwendung des Zolltarifs gegeben werden können. Das Gericht räumt ein, daß die Ermächtigung der Vielfalt des Warenkatalogs und der schnellen Veränderung seiner Merkmale Rechnung tragen müsse. Dies sei auch zulässig, da das Programm, das der Verordnungsgeber verfolgen solle, durch den Sinn und Zweck des Zolltarifs sowie durch die einschlägigen internationalen Verträge hinreichend bestimmt sei. Eine Ermächtigung im Branntweinmonopolgesetz wird vom Gericht ebenfalls nur deshalb gebilligt, weil der Zweck der Ermächtigung ihren Inhalt hinreichend begrenze[18]. Die Branntweinerzeugung wird u. a. dadurch gesteuert, daß durch Verordnung ein Überbrandabzug festgesetzt werden kann. Bei einem Überbrand kann dieser Abzug so hoch bemessen werden, daß sich eine Herstellung nicht mehr lohnt. Das Gericht hat auch hier anerkannt, daß die Lenkung beweglich gehalten sein müsse. Die Bundesmonopolverwaltung habe es mit wirtschaftlichen Situationen zu tun, „die sich laufend ändern und deshalb einer festen Dauerregelung entziehen; weitgefaßte gesetzliche Formulierungen sind also nicht zu vermeiden". Die erforderliche Bestimmtheit der Ermächtigung ergebe sich dabei aus dem Zweck, den die Bundesmonopolverwaltung zu verfolgen habe: „Die Erzeugung soll dem erkennbaren Bedarf angepaßt, ein Ausgleich der Interessen des branntweinherstellenden und des verbrauchenden Gewerbes herbeigeführt werden." Außerdem habe die Monopolverwaltung die besonderen wirtschafts- und agrarpolitischen Zielsetzungen des Gesetzes zu berücksichtigen.

In der Auseinandersetzung mit dem Problem der Lenkungsermächtigung hat die Rechtsprechung schließlich auch die Bedeutung der wirtschaftlichen Daseinssicherung anerkannt, wodurch die Zweckfrage entscheidend vertieft worden ist. Anlaß dazu waren die Verfassungsstreitigkeiten um die Gültigkeit des Preisgesetzes. Die wirtschaftliche Liberalisierung nach dem Zweiten Weltkrieg gab die Preise grundsätzlich frei. Das Gesetz über Leitsätze für die Bewirtschaftung und Preispolitik nach der Geldreform von 1948 und die auf Grund dieser Leitsätze ergangene Preisfreigabeanordnung ließen lediglich für bestimmte sozialempfindliche Preise, wie Nahrungsmittelpreise, Rohstoffpreise und Mieten, eine Reglementierung bestehen. Daneben setzte sich das Preiswucherrecht

---

[17] BVerfGE 19, 31.
[18] BVerfGE 14, 114.

fort, das der Gefahrenabwehr gegen individuelle Preismißbräuche dient. Doch konnte man, gerade für die Übergangszeit, auch allgemeine Störungen des Preisstandes, insbesondere einen größeren Preisauftrieb, nicht ausschließen. Es erging daher gleichzeitig das Preisgesetz von 1948. Nach § 2 des Gesetzes können die für die Preislenkung zuständigen Stellen, „Anordnungen und Verfügungen erlassen, durch die Preise, Mieten, Pachten, Gebühren und sonstige Entgelte für Güter und Leistungen jeder Art, ausgenommen Löhne, festgesetzt oder genehmigt werden, oder durch die der Preisstand aufrechterhalten werden soll".

Diese Ermächtigung, die ihrem Wortlaut nach weitgehend der Zweckbestimmung entbehrt und zudem fatale Erinnerungen an die Generalklausel des zur Durchführung des Vierjahresplanes erlassenen Preisbildungsgesetzes von 1936 erweckte, war Gegenstand mehrfacher höchstrichterlicher Prüfung. Mit der Frage der hinreichenden Bestimmtheit war zunächst das Bundesverwaltungsgericht befaßt. In seiner ersten Entscheidung bejahte das Gericht die Verfassungsmäßigkeit der Ermächtigung[19]. Das Gericht räumte ein, daß der Ermächtigungszweck nicht ausdrücklich in § 2 ausgesprochen sei. Er ergebe sich jedoch eindeutig aus dem Hauptziel des Preisrechts, nämlich der Aufrechterhaltung des Preisstandes. Zur Rechtfertigung der Generalklausel zog das Gericht Parallelen zum Polizeirecht: „Ähnlich dem Polizeiwesen und dem Polizeirecht", sei das Preisrecht dazu bestimmt „drohenden Störungen oder Gefahren auf preislichem Gebiet vorzubeugen und sie, soweit sie eingetreten sind, zu mildern oder zu beseitigen." Daraus gehe auch die Notwendigkeit einer weitgefaßten Ermächtigung hervor. Wenn auch auf Grund des Art. 80 GG jeweils ein möglichst hohes Maß von Bestimmtheit zu erstreben sei, so sei es doch mit dieser Regel vereinbar, „daß die Bestimmung von Inhalt, Zweck und Ausmaß der Rechtsetzungsermächtigung je nach Lage des Falles in allgemeiner Form erfolgt, falls dies durch die Eigentümlichkeit der in Betracht kommenden Materie gefordert wird und über die Art und Weise der Ausübung der Rechtsetzungsermächtigung ernsthafte Zweifel nicht bestehen können. Beide Voraussetzungen sind aber bei einer Rechtsmaterie gegeben, deren Gegenstand die Vorbeugung und Beseitigung von Störungen und Gefahren für die Allgemeinheit ist". In seinem späteren Vorlagebeschluß verneinte das Bundesverwaltungsgericht die Verfassungsmäßigkeit des § 2 Preisgesetz[20]. Das Gericht stellte fest, daß das Preisrecht der Wirtschaftslenkung diene. Wirtschaftslenkung sei aber keine polizeiliche Aufgabe. Eine Analogie zum Polizeirecht sei unzulässig. Daher dürften auch keine generalklauselartigen Ermächtigungen verwendet werden.

---

[19] BVerwGE 1, 109.
[20] BVerwGE 4, 24.

D. Gefahrenvorsorge und Ermächtigung

Das Bundesverfassungsgericht hat schließlich die Verfassungsmäßigkeit des § 2 Preisgesetz bejaht[21]. Nach seiner Auffassung ermächtigt § 2 nur zu solchen Preisregelungen, „die zur Abwehr ernsthafter, für den gesamten Preisstand relevanter Störungen unerläßlich sind". Dem Preisgesetz kommt danach eine vornehmlich „schützende und bewahrende Funktion" zu. Der Zweck der Ermächtigung schließt es daher auch aus, durch Preisregelung, „eine aktive, die Preis- und Wirtschaftsordnung umgestaltende Wirtschaftspolitik zu betreiben"[22]. In seiner Begründung sagt das Gericht, die Ermächtigung des § 2 solle dazu dienen, „allzu große Schwankungen der Preise zu verhindern. Vornehmlich, wenn auch nicht ausschließlich, verfolgt die Ermächtigung den Zweck, zu verhindern, daß die Preise unangemessen steigen, daß sie ‚davonlaufen'. Dieser Zweck der Ermächtigung kommt auch in der Bezeich-

---

[21] BVerfGE 8, 274; vgl. dazu *Weber*, Zur Gültigkeit des Preisgesetzes, in DÖV 1957, S. 36.

[22] Die Trennschärfe des auf diese Weise ausgeprägten Zwecks der wirtschaftlichen Daseinssicherung zeigt sich auch in dem Versuch, das Urteil des Bundesverfassungsgerichts zum Preisgesetz auf andere Rechtsgebiete anzuwenden. So hat *Fischerhof* dieses Urteil zur Auslegung des § 4, Abs. 2 Energiewirtschaftsgesetz herangezogen: „Wenn auch die Entscheidung des Bundesverfassungsgerichts zur verfassungskonformen Anwendung des Preisgesetzes nicht durchweg auf das EnergG zu übertragen ist, so muß doch ein Gebot auch für die Handhabung des — textlich ähnlich weitgefaßten — § 4 EnergG gelten, daß nämlich die gesetzliche Ermächtigung nicht zu einer die Wirtschaftsordnung umgestaltenden Wirtschaftspolitik benutzt werden darf. Eine systematische Umstrukturierung der deutschen Elektrizitätswirtschaft in Richtung Konzentration durch Verwaltungsmaßnahmen auf Grund des § 4 EnergG wäre unzulässig" (Zur gesetzmäßigen Handhabung des § 4 des Energiewirtschaftsgesetzes, in Energiewirtschaftliche Tagesfragen, 1966, S. 191). Siehe auch das Urteil des Bundesverfassungsgerichts zu § 9, Abs. 1 Personenbeförderungsgesetz, das den Störungstatbestand als die geringere Freiheitsbeschränkung hervorhebt (BVerfGE 11, 190): „Es ist oben dargelegt, daß an Existenz- und Funktionsfähigkeit des Droschkenverkehrs ein wichtiges Interesse der Allgemeinheit besteht, daß die Droschken zu den öffentlichen Verkehrsmitteln gehören und deshalb intensiver behördlicher Überwachung und Regelung unterliegen. Es ist daher jedenfalls prinzipiell möglich, daß die Zulassung eines neuen Unternehmens den Interessen des öffentlichen Verkehrs zuwiderläuft. Die Notwendigkeit verfassungskonformer Auslegung führt aber dazu, daß ein Zuwiderlaufen hier nur angenommen werden darf, wenn durch die Zulassung eine akute Gefährdung eines wichtigen Gemeinschaftsgutes einträte, der anders nicht begegnet werden kann. Gesichtspunkte ‚wirtschafts- und verkehrspolitischer Planung und Gestaltung' müssen hier zurücktreten..."

Ein Gegenbeispiel zu den auf *notwendigen* Schutz abgestellten Ermächtigungen zur wirtschaftlichen Daseinssicherung bildet die Planungsklausel in § 1 des Landesplanungsgesetzes von Nordrhein-Westfalen, die auf eine *wünschenswerte* Gestaltung gerichtet ist: „Die Landesplanung soll die Gestaltung des Raumes in der Weise beeinflussen, daß unerwünschte Entwicklungen verhindert und erwünschte Entwicklungen ermöglicht und gefördert werden." Dabei sind die Übergänge fließend, wie oft im Lenkungsrecht. Doch ändert dies nichts an der Unterscheidungskraft der verschiedenen Gewichtungen.

nung des Gesetzes als eines Übergangsgesetzes über Preisbildung und Preisüberwachung zum Ausdruck. Mit den Worten ‚Preisbildung' und ‚Preisüberwachung' knüpft das Gesetz an allgemeine Vorstellungen an, die seit jeher mit Preisregelungen verbunden sind: Die Preise sollen durch staatliche Maßnahmen niedrig gehalten werden. Preisgesetze sind immer dann ergangen, wenn die Gefahr starker Preisschwankungen drohte, die der Staat aus wirtschaftlichen, sozialen oder politischen Gründen nicht hinnehmen konnte".

Damit hat das Gericht auf die wirtschaftliche Sicherungsfunktion der stabilisierenden Preislenkung abgestellt. Bei dem Versuch, diese Funktion systematisch einzuordnen, ist es jedoch, ebenso wie die anderen Entscheidungen, in den Kategorien des Polizeirechts verblieben. Dies ist auch verständlich, nachdem der Begriff der Störung durch das Polizeirecht geprägt worden ist. Doch hat sich inzwischen ein zweiter, qualitativ verschiedener Störungsbegriff herausgebildet, der dem Lenkungsrecht angehört. Das ist die Störung als Gegenstand der Gefahrenvorsorge. Die Mindestfunktionen des modernen Staates im Bereich des Innern erscheinen heute nicht nur als Gefahrenabwehr zur Wahrung der Rechtssicherheit, sondern auch als Gefahrenvorsorge zur wirtschaftlichen Daseinssicherung. Während die Gefahrenabwehr Sachverhalte schützt, die als Dauerbestand verstanden werden, sichert die Gefahrenvorsorge den jeweiligen *Entwicklungsstand*. Dabei liegt der Gefahrenvorsorge ein anderes Verhältnis von Staat und Wirtschaft zugrunde als der Gefahrenabwehr. Die Gefahrenabwehr ist Ausdruck einer strengen Trennung von Staat und Gesellschaft; eine Trennung, die vor allem durch die Formalisierung der angewandten Mittel erreicht wird. Die Gefahrenvorsorge hat es demgegenüber mit wirtschaftlichen Lagen zu tun, von denen Staat *und* Gesellschaft abhängig sind. Beide Teile sind daher auf ein vielfaches Zusammenwirken angewiesen. Neben die formbestimmte Trennung tritt die zweck-bestimmte Verteilung der Verantwortung: das *getrennte Zusammenwirken* von Staat und Gesellschaft.

Anhang*

I. Monatsbericht der Deutschen Bundesbank, Januar 1968

Die Wirtschaftslage im Winter 1967/68, Überblick

Verstärkte konjunkturelle Auftriebskräfte

Der Konjunkturaufschwung in der Bundesrepublik hat sich in den letzten Monaten des abgelaufenen Jahres, wenn auch zum Teil unter dem Einfluß von Sonderfaktoren, erheblich verstärkt. Das reale Sozialprodukt und dessen besonders dynamischer Teil, die Industrieproduktion, stiegen während der letzten drei Monate von 1967 — saisonbereinigt betrachtet — mehr, als sie während des Konjunkturrückschlags von Mitte 1966 bis Mitte 1967 zurückgegangen waren. Die negativen Einflüsse der Rezession auf Produktion und Umsätze wurden also in relativ kurzer Zeit überwunden. Freilich waren auch am Ende des letzten Jahres die verfügbaren Produktionsfaktoren noch nicht wieder voll ausgelastet. Das gilt einmal für die Produktionsanlagen, die auch während der Konjunkturflaute erweitert wurden. Mit der jüngsten Produktionssteigerung hat sich zwar der Auslastungsgrad der Produktionskapazitäten erhöht, den früheren Stand erreichte er aber bisher noch nicht. Zum anderen ist auch das Arbeitskräftepotential noch nicht wieder voll beansprucht. Immerhin ist die Zahl der abhängig Beschäftigten im vierten Quartal saisonbereinigt gestiegen; die Kurzarbeit spielte im Gegensatz zu früher nur noch eine geringe Rolle, und vielfach wurden wieder mehr Überstunden geleistet. Die Zahl der Arbeitslosen — obgleich konjunkturell rückläufig — ist aber auch Ende Januar 1968 noch um 50 000 höher gewesen als ein Jahr zuvor. Je mehr sich jedoch die konjunkturelle Komponente der Arbeitslosigkeit zurückbildet, um so deutlicher schält sich der Kern an „struktureller" Arbeitslosigkeit heraus, der sich zwar im Verlauf des Konjunkturaufschwungs allmählich verkleinern wird und überdies durch strukturpolitische Maßnahmen vermindert werden sollte, der aber nicht als Indiz für ein zu geringes Niveau der Gesamtnachfrage geführt werden kann.

Das nominale Sozialprodukt, das als ein umfassender Ausdruck der gesamtwirtschaftlichen Nachfrage angesehen werden kann, hat sich im vierten

---

* Folgende Texte zur — allgemeinen Stabilisierung — werden auszugsweise wiedergegeben:
  I. Monatsbericht der Deutschen Bundesbank, Januar 1968, Die Wirtschaftslage im Winter 1967/68, S. 3—8.
  II. Zweites Programm der Bundesregierung für besondere konjunktur- und strukturpolitische Maßnahmen 1967/68 (Bundestagsdrucksache V/2070, S. III—V).
  III. Konjunkturanalytische Erläuterungen zum zweiten Konjunkturprogramm (Bulletin des Presse- und Informationsamts der Bundesregierung, 1967 Nr. 96, S. 828—829).

Quartal 1967, saisonbereinigt betrachtet, gegenüber dem dritten Vierteljahr um etwa 3 vH erhöht. Der sprunghafte Anstieg der Nachfrage, der Umsätze und der Produktion geht darauf zurück, daß die Nachfragestöße, die durch die konjunkturpolitischen Maßnahmen der Bundesregierung ausgelöst wurden, mit wirtschaftseigenen und damit aller Voraussicht nach länger anhaltenden Auftriebskräften zusammentrafen. Obgleich die konjunkturpolitischen Maßnahmen der Bundesregierung zum Teil schon früher eingeleitet worden waren, ergab sich im vierten Quartal doch eine gewisse Massierung der Nachfrage: Die Aufträge aus dem ersten Konjunkturprogramm („Eventualhaushalt" des Bundes) wurden verstärkt produktions- und ausgabenwirksam, der größte Teil der Aufträge aus dem zweiten Konjunkturprogramm mußte bis Ende Oktober erteilt sein, und die Unternehmen waren gezwungen, ihre Investitionsgüteraufträge bis zum Ende des gleichen Monats zu vergeben, wenn sie für Investitionen Sonderabschreibungen in Anspruch nehmen wollten. Das Zusammentreffen dieser Faktoren bestimmte einen wesentlichen Teil des Anstiegs der Auftragseingänge im vierten Quartal bei der Industrie und der Bauwirtschaft.

Eine Reihe von Indizien läßt aber andererseits erkennen, daß die Nachfragesteigerung in den letzten Monaten von 1967 auch eigenständige Ursachen hatte. Während sich die Wirkungen der konjunkturpolitischen Maßnahmen, wie dargelegt, im Oktober kumulierten, waren die Auftragseingänge aus dem Inland bei der Industrie und die Bauplanungen nicht nur im November, sondern auch im Dezember saisonbereinigt höher als im September und in allen früheren Monaten von 1967, wenngleich sie in einzelnen Bereichen — z. B. in den Investitionsgüterindustrien und im Hochbau — nicht ganz den sehr hohen Stand vom Oktober halten konnten. Bezeichnenderweise sind auch in den Grundstoff- und Verbrauchsgüterindustrien — also in solchen Zweigen, die von den konjunkturpolitischen Maßnahmen unmittelbar praktisch nicht begünstigt werden — die Bestellungen sehr stark gestiegen, und zwar weit mehr, als aufgrund des laufenden Rohstoffverbrauchs in der verarbeitenden Industrie oder vom Endabsatz im Handel her bedingt erscheint. Hierin wird deutlich, daß die Unternehmen nun ihre Lagerbestände an Vorprodukten bzw. Handelswaren aufzustocken begonnen haben. Der Abbau von Vorräten, der die Rezession mitverursacht hatte und im Hinblick auf den Übergang zur Mehrwertsteuer noch forciert worden war, dürfte mit Inkrafttreten des neuen Steuersystems — und hinsichtlich der Auftragsvergabe schon vorher — ins Gegenteil umgeschlagen sein.

Konjunkturpolitische Anregungsmaßnahmen und der Umschwung des Lagerzyklus würden freilich dem Konjunkturaufschwung kaum die notwendige Dauer verleihen können, wenn hiermit nicht alsbald eine anhaltende Zunahme der Investitionstätigkeit einherginge. Daß auch hier sich ein Tendenzumschwung vollzieht, geht nicht nur aus den statistischen Daten für die letzten Monate und aus den Ergebnissen von Unternehmensbefragungen hervor, sondern läßt sich mit großer Wahrscheinlichkeit auch aus der raschen Verbesserung der Gewinnsituation folgern. Wie optimistisch überdies die weitere Gewinnentwicklung allgemein eingeschätzt wird, zeigt sich u. a. darin, daß sich der Kursanstieg inländischer Aktien im Laufe des Jahres 1967 so verstärkt hat, daß inzwischen die beachtlichen Rückgänge während der vorangegangenen drei Jahre ausgeglichen wurden. Die Initialzündung, die die konjunkturpolitischen Anregungsmaßnahmen ausüben sollten, scheint mit dem Ingangsetzen eines neuen Lager- und Investitionszyklus gelungen. Auf eine Selbstbeschleunigung der Konjunktur wird man nun um so mehr vertrauen können, als die konjunkturfördernden Maßnahmen der öffentlichen Stellen bisher vielfach nur in der ersten Stufe, nämlich der Auftragsvergabe, wirksam wurden, so daß sie noch längere Zeit zu einer Erhöhung der Produktion, der Beschäftigung und der Einkommen beitragen werden.

Bei dem Ausmaß der bisher im Inland ausgelösten Auftriebsimpulse würde eine mögliche leichte Abschwächung der Nachfrage aus dem Ausland den Konjunkturaufschwung selbst nicht mehr gefährden können. Mit einem gewissen Nachlassen des expansiven Effekts des Außenhandels ist allein schon deshalb zu rechnen, weil die Zunahme der Inlandsnachfrage über kurz oder lang zwangsläufig zu höheren Einfuhren und damit schließlich auch zu niedrigeren Außenhandelsüberschüssen führen wird. Diese Tendenz wird durch die Abwertung des Pfundes und einiger anderer Währungen im November vergangenen Jahres noch verstärkt (im Berichtsabschnitt über die Zahlungsbilanz werden hierzu einige Angaben gemacht), doch sind Wirkungen hiervon erst allmählich zu erwarten. Die zahlungsbilanzpolitischen Maßnahmen in den Vereinigten Staaten werden die Bundesrepublik hinsichtlich des Handels- oder Dienstleistungsverkehrs unmittelbar nur relativ wenig berühren. Sie betreffen in erster Linie den Kapitalverkehr, und zwar im wesentlichen die Direktinvestitionen amerikanischer Firmen in ihren Tochterunternehmen im Ausland. Die mit Kapitalimporten verbundenen Devisenzuflüsse in die Bundesrepublik werden sich dadurch verringern; negative Rückwirkungen auf die Investitionstätigkeit ausländischer Unternehmen in der Bundesrepublik werden sich hieraus aber nicht ergeben, solange sie hier relativ günstige Kreditbedingungen vorfinden.

Die monetären Probleme der konjunkturellen Wiedererholung

Die Bundesbank hat auch in den letzten Monaten des abgelaufenen Jahres die Wiedererholung der Konjunktur kreditpolitisch unterstützt. Die marktmäßigen Liquiditätszuflüsse hielten an. Gleichzeitig verstärkte sich aber das Zinsgefälle gegenüber dem Ausland wegen der Zinserhöhungen auf den internationalen Geldmärkten, so daß eine etwaige weitere Mindestreservesenkung aller Voraussicht nach nur den Geldexport verstärkt, kaum aber zu Zinssenkungen am heimischen Geldmarkt — und sicherlich nicht auf dem Kapitalmarkt — geführt hätte. Die Bundesbank setzte aber die im August eingeleitete Politik der Käufe langfristiger öffentlicher Anleihen am offenen Markt fort, ab November jedoch mit abnehmenden Beträgen. Das kapitalmarktpolitische Ziel, das hier zugleich mit dem liquiditätspolitischen angestrebt wurde, nämlich die Stabilisierung des Zinsniveaus am Rentenmarkt, ist im Laufe der Monate November und Dezember weitgehend erreicht worden, und zwar nicht nur bei den öffentlichen Anleihen, sondern auch — unter Beibehaltung eines gewissen Abstandes in den Renditen — bei den übrigen Rentenwerten. Im Januar, in dem sich die Lage am Rentenmarkt schon aus Saisongründen besserte, konnte auf Offenmarktkäufe im Gesamtergebnis verzichtet werden, zumal die Renditen ohnehin leicht zurückgingen. Im übrigen ergriff die Bank zur Überwindung der regelmäßig gegen Jahresultimo auftretenden Spannungen am heimischen Geldmarkt und zur Eindämmung der sich daraus üblicherweise ergebenden Rückwirkungen auf die internationalen Geldmärkte einige spezielle Maßnahmen (Ausgabe bis Ende Dezember befristeter Mobilisierungspapiere, zeitweiliges Angebot günstiger Swapbedingungen), die nicht ohne Erfolg blieben.

Die Liquiditätsposition der Banken hat sich auf Grund der geschilderten Liquiditätszuflüsse so verbessert, daß die gesamten freien Liquiditätsreserven der Kreditinstitute — im Verhältnis zu ihren Einlagen — zu Beginn des Jahres 1968 ebenso hoch waren wie 1963 und 1964, also in den Jahren vor und zu Beginn der Kreditrestriktion. Daß die Banken bei dieser Liquiditätsausstattung in der Lage sind, ihre Kreditgewährung kurzfristig sprunghaft auszuweiten, zeigte sich im vierten Quartal 1967, in dem sich die Kreditexpansion, zum Teil sicher unter dem Einfluß der weiter oben geschilderten Sonderfaktoren im güterwirtschaftlichen Bereich, so beschleunigte, daß damit binnen dreier Monate der Kreditausweitung während der ersten drei Quartale von 1967 hinter der im gleichen Vorjahrszeitraum nicht nur aufgewogen wurde, sondern die Expansion sogar beträchtlich darüber hinausging. Gleichzeitig wurde damit die in der Rezession weitgehend unterbliebene Ausweitung des Geldvolumens und die Liquiditätsausstattung der Wirtschaft mehr, als es der Umsatzausweitung entsprochen hätte, erweitert. Am Ende des Jahres 1967 war das Geldvolumen um mehr als 10 vH höher als Ende 1966. Die Verstärkung der Kreditexpansion war die Folge davon, daß nun zu der konjunkturpolitisch beabsichtigten Zunahme der Verschuldung der öffentlichen Hand eine gleichfalls kräftig steigende Kreditnachfrage der Wirtschaft hinzutrat. Bezeichnend für das liquiditätsmäßig gestärkte Kreditpotential der Banken ist, daß die vermehrte Kreditnachfrage bei gleichbleibenden, wenn nicht gar sinkenden Zinsen befriedigt werden konnte. Aus unserer Zinsstatistik geht hervor, daß im Dezember zumindest kurzfristige Kredite an Nichtbanken zu leicht sinkenden Zinsen angeboten wurden.

Die kreditpolitische Stützung der Zinssenkung entsprach sowohl der binnenwirtschaftlichen Lage als auch den zahlungsbilanzpolitischen Erfordernissen. Binnenwirtschaftlich ist, wie eingangs geschildert, trotz des lebhaften Aufschwungs während der letzten Monate noch keine Vollauslastung der verfügbaren Produktionsfaktoren erreicht worden. Freilich sind die Fortschritte, die in dieser Richtung erzielt wurden, beachtlich, so daß dieses Ziel — auch wenn sich das Expansionstempo verlangsamen sollte, was wegen des Wegfalls einmaliger Impulse wahrscheinlich ist — in nicht zu ferner Zeit erreichbar erscheint. Namentlich bei dem knappsten Produktionsfaktor, der menschlichen Arbeitskraft, liegen keineswegs spektakuläre Reserven vor, wenngleich zunächst sowohl die vorhandenen Arbeitslosen als auch wohl die Wiederanwerbung ausländischer Arbeitskräfte eine Ausweitung der Beschäftigtenzahl zulassen werden. Den zahlungsbilanzpolitischen Erfordernissen entsprach die expansive kreditpolitische Linie schon deshalb, weil die Belebung der Inlandsnachfrage den sichersten Weg zum Abbau der hohen Überschüsse in der Bilanz der laufenden Posten der Bundesrepublik darstellt. Gleichzeitig aber wurde dadurch der Kapitalexport gefördert, der auch im langfristigen Bereich inzwischen so gewachsen ist, daß damit ein beachtlicher Teil der Überschüsse in der laufenden Rechnung der Zahlungsbilanz kompensiert werden kann. Hier ist auch die Nahtstelle zwischen den deutschen kreditpolitischen Maßnahmen und den zahlungsbilanzpolitischen Maßnahmen in den Vereinigten Staaten, die wegen der Beschränkung des Kapitalexports dazu tendieren, das Zinsniveau außerhalb der USA zu erhöhen. Durch eine Politik des leichten Geldes in der Bundesrepublik kann solchen Tendenzen entgegengewirkt werden.

Der Zusammenhang zwischen den Tendenzen auf dem internationalen und auf dem heimischen Kapitalmarkt ist auch im Auge zu behalten, wenn — wie gegenwärtig — die Abschaffung der „Kuponsteuer" auf Zinserträge deutscher Rentenwerte im Auslandsbesitz diskutiert wird. Diese Frage hat einen kapitalmarktpolitischen und außenwirtschaftlichen Aspekt. Kapitalmarktpolitisch könnte argumentiert werden, daß die Kuponsteuer aufgehoben werden sollte, weil dann der Rückfluß deutscher festverzinslicher Wertpapiere aus dem Ausland und damit die hierdurch ausgelöste Belastung des deutschen Kapitalmarkts aufhören oder zumindest reduziert würde. Im Jahre 1967 hat das Ausland immerhin für über 800 Mill. DM netto deutsche Rentenwerte verkauft. Manche Beobachter erhoffen sich von einem Wegfall der Kuponsteuer sogar neue Absatzmöglichkeiten für deutsche Rentenpapiere bei ausländischen Anlegerkreisen und damit am deutschen Kapitalmarkt einen Zinssenkungseffekt, der freilich seinerseits wieder Kapitalexporte auslösen und so zur Selbstaufhebung tendieren müßte. Es ist allerdings fraglich, ob beim gegenwärtigen Zinsgefälle gegenüber dem Ausland solche Erwartungen realistisch sind. Unter zahlungsbilanzpolitischen Gesichtspunkten ist zu berücksichtigen, daß der bisherige Rückfluß deutscher Papiere aus Auslandsbesitz im Ergebnis einen deutschen langfristigen Netto-Kapitalexport darstellt, oder, wenn man so will, eine vorzeitige Tilgung von Auslandsschulden. Bei den gegenwärtigen hohen Überschüssen in der laufenden Rechnung der Zahlungsbilanz muß Kapitalexport in dieser Form sowie in der Form des Erwerbs ausländischer Rentenwerte durch Inländer als erwünscht angesehen werden. Die nachteilige, nämlich zinssteigernde Wirkung der ausländischen Wertpapierverkäufe am deutschen Kapitalmarkt kann (und das ist geschehen) durch zweckentsprechende inländische liquiditätspolitische Maßnahmen — und hier vor allem solche mit Ausstrahlungswirkung auf den Kapitalmarkt — abgefangen werden. Die Debatte um die Aufhebung der Kuponsteuer erscheint daher, wenn man diese beiden Gesichtspunkte gegeneinander abwägt, zumindest nicht sehr dringlich. Die Aufhebung hätte, wenn sie überhaupt wirkte, nur kapitalmarktpolitische Vorteile, außenwirtschaftlich aber Nachteile, und international würde sie, weil sie den Zahlungsbilanzausgleich erschwert, eher als eine weniger gute Gläubigerpolitik betrachtet werden müssen. (Daß steuersystematische Überlegungen und die beabsichtigte Harmonisierung der Quellenbesteuerung von Kapitalerträgen innerhalb der EWG gegen die Abschaffung der Kuponsteuer sprechen, sei hier nur am Rande erwähnt.)

Der Bewegungsspielraum für eine eher auf leichtes Geld gerichtete Kreditpolitik würde freilich dann abnehmen, wenn die Wirtschaft die erstrebenswerte Vollauslastung der Produktionsfaktoren nicht nur erreicht hätte, sondern sie zu überschreiten drohte. Um das zu verhindern und um auch im monetären Bereich das Gleichgewicht bewahren zu können, wird es daher einer fortlaufenden Überprüfung der Kreditbedürfnisse der öffentlichen Haushalte im Vergleich zu denen der Wirtschaft bedürfen. Durch die Maßnahmen auf Grund der mittelfristigen Finanzpolitik des Bundes sind hierfür zwar weit bessere Voraussetzungen geschaffen worden, als sie vorher bestanden hatten, da die strukturellen Defizite des Bundeshaushalts wesentlich vermindert wurden. Gleichwohl sind für den Haushalt des Bundes nach dem gegenwärtigen Stand der Planungen und unter Einbeziehung der Ausgaben, die auf Grund des zweiten Konjunkturförderungsprogramms zu leisten sind, für 1968 kaum geringere Defizite als für 1967 zu erwarten. Bezieht man auch die übrigen Gebietskörperschaften in die Betrachtung mit ein, wie das im Berichtsteil „Öffentliche Finanzen" im einzelnen geschieht, so muß für 1968 sogar noch mit einem eher noch etwas größeren Netto-Kreditbedarf als im Jahre 1967, in dem er rd. 15 Mrd. DM betragen hatte, gerechnet werden. Dabei ist das Defizit der gesetzlichen Rentenversicherungen, das durch Vermögensabbau zu finanzieren und somit in seiner Wirkung mit einer Kreditaufnahme identisch ist, in Höhe von wahrscheinlich über 2 Mrd. DM noch nicht mitgerechnet. Die Defizite der gesamten öffentlichen Haushalte im Jahre 1968 sind aber in ihrer wirtschaftlichen Bedeutung nicht mit denen im Jahre 1967 gleichzusetzen. Damals waren sie zu einem großen Teil in konjunkturbedingten Einnahmeausfällen der öffentlichen Haushalte begründet, jetzt aber werden sie entstehen, obgleich die Gesamteinnahmen — teils wegen neuer Steuern, teils wegen der Konjunkturbelebung — wieder stärker wachsen. In der Rezession wirkten die erhöhten staatlichen Defizite der Rückbildung von „Defiziten" (oder des Netto-Kreditbedarfs) der privaten Unternehmen — und damit der Schrumpfung des Volkseinkommens — entgegen. Im Jahre 1968 verbinden sich unverändert hohe, ja sogar eher noch wachsende staatliche Defizite der öffentlichen Stellen mit steigenden Ausgabenüberschüssen (oder einem zunehmenden Netto-Kreditbedarf) der Unternehmen. Solange sich die Zunahme des „privaten" Kreditbedarfs in Grenzen hält, muß hieraus kein Konflikt entstehen. Da aber das Ausmaß der Expansion des privaten Kreditbedarfs und der damit einhergehenden Einkommensschöpfung so gut wie nicht vorhersehbar ist, müssen die öffentlichen Haushalte in ihrer Kreditnachfrage elastisch bleiben. Sie würden jedoch an Elastizität verlieren, wenn neue, die Defizite erhöhende Beschlüsse gefaßt würden.

Bis zum Augenblick zeichnet sich die Gefahr, daß nicht mehr stabilitätskonforme Ansprüche an die Kreditmärkte — und an das Sozialprodukt — gestellt würden, nicht ab. Die Preisstabilität auf den Inlandsmärkten ist derzeit durch den Übergang zur Mehrwertsteuer zwar einer gewissen Belastung nach einer längeren Periode ruhiger Preisentwicklung ausgesetzt. Soweit bisher ein Urteil gewonnen werden konnte, sind die Verbraucherpreise im Januar durch den Übergang zur Mehrwertsteuer schätzungsweise um annähernd 1 vH gestiegen; es muß zunächst offen bleiben, ob weitere Preissteigerungen auf Grund des Übergangs zur Mehrwertsteuer noch folgen werden oder ob der Wettbewerb nicht doch wieder zu Korrekturen nach unten zwingen wird. Die gegenwärtige Kostensituation begünstigt jedenfalls die Preisstabilität und läßt vielfach auch Raum für Preissenkungen. Es gehört mit zu den erklärten Zielen der Bundesregierung, in dem nun in Gang gesetzten Aufschwung die Preisstabilität zu wahren und Gefahren in dieser Hinsicht rasch zu begegnen. Sie wird, wie dem Jahreswirtschaftsbericht 1968 zu entnehmen ist, auch mit diesem Ziel zu einer konzertierten Aktion der Sozialpartner zu kommen suchen. Die Kreditpolitik wird ihrerseits den zur Zeit aus konjunktur- und zahlungsbilanzpolitischen Gründen angezeigten expansiven Kurs solange fortzusetzen haben, wie die Zunahme der Nachfrage nach Gütern und Leistungen das gesamtwirtschaftliche Gleichgewicht nicht zu gefährden droht.

II. Zweites Programm der Bundesregierung für besondere konjunktur- und strukturpolitische Maßnahmen 1967/68

A. Gesamtprogramm

Dieses Programm wurde am 19. Juli 1967 auf Grund einer einheitlichen Beurteilung der konjunkturellen Entwicklung von den Vertretern der Spitzenverbände der Wirtschaft und der Gewerkschaften im Rahmen der Konzertierten Aktion (§ 3 des Stabilitäts- und Wachstumsgesetzes) eingehend erörtert. Dabei wurde übereinstimmend „die Notwendigkeit einer baldigen

Verwirklichung des (Zweiten) Konjunkturprogramms in vollem Umfang unterstrichen. Es wurde festgestellt: ... Die notwendige Kreditfinanzierung des Zweiten Konjukturprogramms ist für alle weitaus billiger als ein Anhalten der konjunkturellen Schwäche. Alle Beteiligten halten deshalb eine zügige Beratung dieses Programms in den parlamentarischen Gremien und ein rasches Handeln der Behörden auf allen Ebenen für dringend erforderlich. Sie erwarten die Bereitschaft der Länder und Gemeinden, die vom Bund angebotenen Finanzierungshilfen für Gemeinschaftsinvestitionen und Investitionen zur Verbesserung der gemeindlichen Infrastruktur durch erhebliche eigene Beiträge zu ergänzen.

Im Konjunkturrat für die öffentliche Hand (§ 18 des Stabilitäts- und Wachstumsgesetzes) haben die Vertreter der Länder und Gemeinden am 13. Juli 1967 ihre grundsätzliche Bereitschaft erklärt, dieses Programm in der vorgesehenen Form zu unterstützen und durch eigene Maßnahmen zu ergänzen. In der Sitzung des Konjunkturrates am 3. August 1967 wurde das Programm in seinen Einzelheiten erörtert und von allen Beteiligten gebilligt.

1. Zusätzlicher Investitionshaushalt

   Der Bund führt in Fortsetzung des ersten Investitionshaushalts (Kreditfinanzierungsgesetz vom 11. April 1967) weitere Investitionsmaßnahmen in Höhe von 850 Mill. DM beschleunigt durch. (Darunter sind 250 Mill. DM Zinszuschüsse für die regionale Wirtschaftsförderung.) Zu den in dieser Summe enthaltenen Gemeinschaftsprojekten (235 Mill. DM) erbringen die Länder eine Finanzierung von 430 Mill. DM.

   Die Auftragsvergabe (Erteilung des Zuschlags) soll bis zum 15. Oktober 1967 erfolgen.

2. Weitere Investitionsmaßnahmen von Bund und Ländern

   Außer der beschleunigten Freigabe der im Haushalt 1967 bereits vorgesehenen Bindungsermächtigungen wird zusätzlich auf strukturpolitisch wichtige Vorhaben künftiger Haushaltsjahre vorgegriffen. Dazu werden zusätzliche Bindungsermächtigungen in Höhe von 822 Mill. DM erteilt. Sie werden ebenfalls zu einem Teil (396 Mill. DM) für Gemeinschaftsinvestitionen verwendet. Die Länder erbringen dazu eine Finanzierung von 226 Mill. DM.

   Die Aufträge sollen bis zum 15. Oktober 1967 vergeben sein.

   Bei der Auswahl der Investitionsvorhaben der Teilprogramme 1 und 2 ist außer der konjunkturpolitischen Anstoßwirkung auch die Befriedigung des großen Nachholbedarfs in denjenigen Bereichen der wirtschaftlichen und gesellschaftlichen Infrastruktur berücksichtigt worden, die für die künftige Entwicklung unseres Gemeinwesens von besonderer Bedeutung sind:

   — Wissenschaft und Forschung
     (Hochschulen, Kernforschungsanlagen, elektronische Datenverarbeitung)
   — Gesundheitswesen
     (Krankenhäuser, Turn- und Sportstätten)
   — Familie und Jugend
     (Familienferienstätten, Jugendbildungsstätten, Studentenwohnheime)
   — Verkehrs- und Nachrichtenwesen
     (Ausbau des Straßennetzes, Rationalisierung der Bundesbahn, Verbesserung der Schiffahrtswege, Sicherung des Luftverkehrs)

- Wasserwirtschaft und Abwasserbeseitigung
- Küstenschutz
- Landesverteidigung
(Infrastrukturmaßnahmen, Fahrzeuge, Nachrichtenmittel).

Bei diesem und den übrigen Teilprogrammen ist den „Strukturgebieten" ein besonderer Vorrang eingeräumt. Zu diesen Gebieten zählen die Steinkohlenreviere, das Zonenrandgebiet, die Bundesausbaugebiete und -orte sowie das Land Berlin. Der vorrangigen Behandlung der Strukturgebiete wird insbesondere dadurch Rechnung getragen, daß bei der regionalen Verteilung aller Teilprogramme als Orientierungshilfe ein Schlüssel zugrunde gelegt wird, bei dem die Strukturgebiete mit doppelter Bevölkerungszahl gewichtet worden sind.

3. Förderung des Baues neuer Wohnungen und Modernisierung von Altwohngebäuden

Die gegenwärtig erheblich reduzierte Kapazitätsausnutzung im Roh- wie im Ausbaugewerbe läßt eine beschleunigte Modernisierung des deutschen Wohnungsbestandes zu und erlaubt gleichzeitig die konjunkturpolitisch notwendige Stabilisierung im Wohnungsneubau. Hier verbindet sich eine rasche und regional gezielte Produktionsauswirkung mit einer besseren Befriedigung der Verbrauchernachfrage. Für die konjunkturpolitisch besonders wirksame Förderung des Wohnungsbaues und der Modernisierung von älteren Wohnungen wird der Bund Zinszuschüsse von 100 Mill. DM und Darlehen von 200 Mill. DM, also insgesamt 300 Mill. DM zur Verfügung stellen.

4. Zusätzliche Investitionen im Bereich der Gemeinden

Der Bund stellt — im Einvernehmen mit den Ländern — Finanzierungshilfen für die Verbesserung der kommunalen Infrastruktur zur Verfügung. Insbesondere werden der Bau von Schulen und Krankenhäusern, der Ausbau des Nah- und Schnellverkehrs, die Erschließung von Industriegelände, die Verbesserung der Wasserversorgung und der Abwässerbeseitigung gefördert. Neben diesen Aufgaben können auch Anlagen privater Unternehmen, die der Luft- und Wasserreinigung dienen, im Rahmen der Länderquoten gefördert werden.

Die Finanzierungshilfe des Bundes beträgt 500 Mill. DM.

5. Umstellungs- und Rationalisierungshilfen für Unternehmen in „Strukturgebieten", an denen der Bund maßgebend beteiligt ist

Für die beschleunigte Umstellung und Rationalisierung von Unternehmen des Bundes gewährt der Bund zinsgünstige Kredite in Höhe von 300 Mill. D-Mark.

Da die meisten großen Bundesunternehmen, wie die Saarbergwerke AG, die Salzgitter AG, die Deutsche Industrieanlagen GmbH, Berlin, in „Strukturgebieten" liegen, dient eine solche finanzielle Hilfe wiederum der Konjunktur- wie der Regionalpolitik zugleich.

Die Kredite werden in der Regel zu einem Zinssatz von 4,5 v. H. und mit einer Laufzeit von 12 Jahren bei Maschinen und sonstigen Ausrüstungen sowie von 15 Jahren bei Gebäuden gegeben. Die Aufträge sollen bis zum 15. Oktober 1967 vergeben sein.

III. Konjunkturanalytische Erläuterungen zum Zweiten Konjunkturprogramm

Aktuelle Konjunkturlage und voraussichtliche
Tendenzen der weiteren Entwicklung

I.

Der Bundeskanzler hatte im wirtschaftspolitischen Teil seiner Regierungserklärung vom 13. Dezember 1966 den „Ernst der Lage deutlich gemacht" und „auf die Gefahr eines gesamtwirtschaftlichen Rückschlages hingewiesen". Durch die weitere Entwicklung wurde in der Tat bestätigt, daß die „Talsohle in der Konjunkturentwicklung" damals noch vor uns lag. Trotz der mit den Regierungsbeschlüssen vom 18./19. Januar eingeleiteten Gegenmaßnahmen gab es im ersten Halbjahr 1967 eine deutliche Beschäftigungsschrumpfung (die Zahl der Beschäftigten lag in der Industrie um 6,4 v. H. und im Bauhauptgewerbe um 13,9 v. H. unter dem Vorjahresstand), ein erhebliches außenwirtschaftliches Ungleichgewicht (der Ausfuhrüberschuß erreichte vor allem infolge des Rückgangs der Importe fast 8,8 Mrd. DM) und beträchtliche Wachstumsverluste (gegenüber einem Zuwachs des realen Bruttosozialprodukts im ersten Halbjahr 1966 von 3,4 v. H. rechnen die wissenschaftlichen Forschungsinstitute für das erste Halbjahr 1967 mit einem Rückgang von etwa 1,5 bis 2 v. H.).

Gegenüber dieser eindeutigen Entwicklung im ersten Halbjahr 1967 ist das Konjunkturbild seit Mitte des Jahres differenzierter geworden. Einerseits deuten in den letzten Monaten einige Indikatoren auf eine beginnende Besserung hin, andererseits zeigt die Gesamtheit der verfügbaren Informationen noch immer eine sehr gedämpfte gesamtwirtschaftliche Aktivität.

A. Die gesamtwirtschaftliche Nachfrage ist nach wie vor zu niedrig. Im Inlandsgeschäft sind zwar partiell erste Anzeichen für eine Belebung zu erkennen; die Nachhaltigkeit dieser Entwicklung muß aber nach den vorliegenden Monatsergebnissen für Juli noch sehr in Frage gestellt werden.

   a) Der Auftragseingang bei der Industrie erreichte zwar im Vergleich zum Vorjahr bei kalendermonatlicher Berechnung nach minus 13,5 v. H. im März, minus 9,0 v. H. im April und minus 7,1 v. H. im Mai im Juni erstmals wieder mit plus 1,0 v. H. einen positiven Wert (bei arbeitstäglicher Berechnung jedoch nur einen Wert von minus 6,1 v. H.), das Juliergebnis zeigt jedoch mit minus 6,6 v. H. (sowohl bei kalendermonatlicher als auch bei arbeitstäglicher Berechnung) wieder einen deutlich negativen Wert.

      — Die Schwäche der Nachfrage liegt dabei nach wie vor besonders im Inlandsgeschäft, das zwar einen gewissen Abbau von Minuszahlen aufweist (bei kalendermonatlicher Berechnung minus 18,2 v. H. im März, minus 12,5 v. H. im April, minus 10,6 v. H. im Mai, minus 4,2 v. H. im Juni und minus 10,1 v. H. im Juli), aber noch keinen Hinweis gibt auf eine durchschlagende und anhaltende konjunkturelle Besserung.

      — Auch wenn im Auslandsgeschäft die Auftragseingänge weiterhin zunehmen, so läßt ihre expansive Entwicklung doch offensichtlich nach. Die Zuwachsrate bei kalendermonatlicher Berechnung von plus 18,6 v. H. im Juni (nach plus 3,9 v. H. im März, plus 4,7 v. H. im April, plus 6,1 v. H. im Mai) ist jedoch im Juli wieder auf plus 6,5 v. H. gesunken.

b) Im Baubereich entwickelt sich die Nachfrage trotz gewisser Verbesserungen in den letzten Monaten nach wie vor erheblich unter dem Vorjahresniveau.

— Der Rückgang der Baugenehmigungen im Hochbau hat sich zwar verlangsamt (nach minus 27,4 v. H. im März, minus 13,6 v. H. im April, minus 15,0 v. H. im Mai und minus 9,7 v. H. im Juni); das genehmigte Bauvolumen lag jedoch im Juli wieder mit minus 13,1 v. H. beträchtlich unter dem Vorjahresstand.

— Bei der Auftragsvergabe im Tiefbau zeigt sich ein ähnliches Bild (nach minus 26,9 v. H. im März, minus 26,7 v. H. im April, plus 5,4 v. H. im Mai und minus 12,3 v. H. im Juni), doch ist hier infolge des merklichen Preisrückgangs die Abnahme des realen Auftragsvolumens weniger stark.

c) Der private Verbrauch hatte sich — gemessen an den Einzelhandelsumsätzen — (nach plus 1,1 v. H. im März, minus 4,4 v. H. im April, minus 0,9 v. H. im Mai) im Juni mit plus 4,3 v. H. wieder merklich erweitert. Das Juliergebnis mit minus 1,4 v. H. zeigt jedoch, daß das Juniergebnis durch die Sondereinflüsse etwa der Nahostkrise verzerrt worden ist. Der private Verbrauch bleibt durch die Konjunkturschwäche geprägt. Die Expansion der Masseneinkommen hat sich stark vermindert; die Lohn- und Gehaltssumme in der Industrie und im Bauhauptgewerbe lag im ersten Halbjahr 1967 unter dem Vorjahresniveau.

B. Der schwachen Nachfrageentwicklung entsprechend stagniert die industrielle Produktion weiterhin auf einem Niveau, das erheblich unter dem Vorjahresstand liegt. Das Juliergebnis zeigt im Vergleich zu den Vorjahresmonaten (März minus 5,6 v. H., April minus 6,4 v. H., Mai minus 5,5 v. H., Juni minus 7,7 v. H.) allerdings mit minus 2,4 v. H. eine erkennbare Besserung.

C. Die Beschäftigungslage ist trotz der saisonalen Besserung seit März nach wie vor ungünstig. Die Arbeitslosenzahl ist zwar seit März von 576 000 auf 359 000 im August gesunken (daneben: Zahl der Kurzarbeiter von 252 000 im März auf 64 000 im August). Die Zahl der offenen Stellen ist im gleichen Zeitraum von 302 000 auf 347 000 gestiegen.

D. In der Entwicklung des Außenhandels spiegelt sich neben der Auslandskonjunktur auch die binnenländische Konjunkturentwicklung wider; die Schwäche der Binnenkonjunktur veranlaßt die Unternehmer zu verstärkten Exportanstrengungen. Während aber die Zuwachsrate bei der Ausfuhr nunmehr deutlich geringer wird (nach plus 3,4 v. H. im März, plus 19,7 v. H. im April, plus 1,3 v. H. im Mai, plus 14,5 v. H. im Juni), nunmehr im Juli nur noch plus 1,1 v. H., ist der Rückgang des Imports in den letzten Monaten zwar schwächer geworden (nach minus 14,4 v. H. im März, minus 4,8 v. H. im April, minus 9,0 v. H. im Mai, plus 0,8 im Juni), im Juli jedoch wieder minus 5,2 v. H. Der monatliche Exportüberschuß ist dadurch zwar nicht mehr gewachsen, aber auch nicht wesentlich kleiner geworden, so daß der Exportüberschuß in den ersten sieben Monaten dieses Jahres insgesamt 10,1 Mrd. DM erreicht hat.

E. Die Preise sind im wesentlichen stabil, teilweise haben sie sinkende Tendenz. Die industriellen Erzeugerpreise liegen seit Februar ständig unter dem Vorjahresniveau, wobei der leichte Wiederanstieg im Juni minus 1,3 v. H.) und im Juli (minus 1,4 v. H.) gegenüber Mai (minus 1,5 v. H.) seine Ursache fast ausschließlich in der Verteuerung einiger Rohstoffe auf den Weltmärkten infolge des Nahostkonflikts haben dürfte.

Die Verbraucherpreise sind weitgehend stabil und halten jetzt den Abstand zu dem entsprechenden Vorjahresniveau (April plus 1,6 v. H., Mai plus 1,3 v. H., Juni plus 1,5 v. H., Juli plus 1,6 v. H.).

Diese konjunkturstatistischen Daten lassen die Grundzüge der gegenwärtigen Konjunkturlage erkennen. Sie ist gekennzeichnet durch eine Beendigung der scharfen konjunkturellen Abwärtsbewegung in der ersten Jahreshälfte 1967 und durch ein Verharren der Wirtschaftstätigkeit auf dem Niveau eines nicht hinreichend genutzten Produktionspotentials. Zwar zeigt sich in einigen Bereichen bereits ein Abbau von Minuszahlen, doch hat der Aufbau von Pluszahlen noch nicht begonnen.

II.

Ausschlaggebend für die konjunkturpolitischen Entscheidungen ist jedoch nicht nur die vergangene und gegenwärtige gesamtwirtschaftliche Lage sondern ebenso sehr ihre voraussichtliche weitere Entwicklung. Ein Urteil über die künftige Entwicklung kann u. a. an Hand des auf S. 1/2 dargelegten Verlaufs der Auftragseingänge bei der Industrie gewonnen werden. Er zeigt im ganzen keinerlei sichere Merkmale einer Belebung.

Dieselbe Prognose kommt auch in den Ergebnissen der Unternehmerbefragungen zum Ausdruck. Sie deuten noch auf eine gewisse Verbesserung der Stimmungen und Erwartungen in der deutschen Wirtschaft hin. Der Ifo-Konjunkturtest vom Juli zeigt, daß die befragten Unternehmer die künftige Geschäftsentwicklung zwar günstiger einschätzen als Ende 1966. Trotzdem beurteilt mehr als ein Drittel die Geschäftslage negativ. Überwiegend wird nur mit einem schwachen Herbstgeschäft gerechnet.

Da auch die partielle Besserung der binnenländischen Auftragsentwicklung und die Stabilisierung einiger Erwartungsgrößen weniger Ausdruck spontaner Marktkräfte als vielmehr eine Folge der bisherigen konjunkturpolitischen Maßnahmen, insbesondere der Auftragsvergabe aus dem ersten Investitionshaushalt und der Ankündigung des zweiten konjunktur- und strukturpolitischen Programms ist, kann darin kein Grund für konjunkturpolitische Enthaltsamkeit gesehen werden. Angesichts der labilen Lage muß ohne eine zusätzliche deutliche konjunkturpolitische Gegensteuerung mit der Gefahr gerechnet werden, daß sich die Rezession erneut fortsetzt, sobald im Herbst die Aufträge aus dem ersten Konjunkturprogramm abgewickelt sind, die Wirkungen der Sonderabschreibungen (gültig bis 31. Oktober) endet und die saisonalen Kräfte des bevorstehenden Winters wirksam werden. Angesichts des erheblichen Zurückbleibens der binnenländischen Nachfrage privater Investoren hinter den Produktionsmöglichkeiten (Stand der Kapazitätsauslastung im Juli 1967 in der Industrie: 78 v. H., im Bauhauptgewerbe: ca. 65 v. H.) erscheint eine zusätzliche Investitionsgüternachfrage von 5,3 Mrd. DM keinesfalls als zu hoch bemessen.

Diese Beurteilung der Konjunkturlage und ihrer voraussichtlichen Entwicklung im zweiten Halbjahr 1967 wird auch durch die Prognosen der wissenschaftlichen Forschungsinstitute unterstrichen. Das Deutsche Institut für Wirtschaftsforschung Berlin schätzt den Rückgang des realen Bruttosozialprodukts — bei einem Verzicht auf weitere konjunkturfördernde Maßnahmen — für das zweite Halbjahr 1967 — bei zusätzlichen öffentlichen Investitionsausgaben von rd. 3 Mrd. DM im Herbst 1967 (was der möglichen Abwicklung des Zweiten Konjunktur- und Strukturprogramms der Bundesregierung noch in diesem Jahr entsprechen könnte) — mit einer leichten Zunahme des Bruttosozialprodukts von real 0,4 v. H. nominal 1,2 v. H.

III.

Die aktuelle Konjunkturlage und die voraussichtlichen Tendenzen der weiteren Entwicklung lassen somit erkennen, daß das gesamtwirtschaftliche Gleichgewicht gegenwärtig nicht erreicht ist und daß drei der im § 1 des Stabilitäts- und Wachstumsgesetzes genannten vier Ziele nach wie vor gefährdet sind.

— Weitgehend erreicht und ungefährdet ist das Ziel der Stabilität des Preisniveaus. In Anbetracht der erheblichen Kapazitätsreserven ist bei einer weiteren Belebung der Wirtschaftstätigkeit infolge der damit verbundenen Stückkostensenkung eher mit einer Senkung des Preisniveaus als mit einem erneuten Anstieg zu rechnen. Die Bundesbank hat in ihrem Monatsbericht vom Juli 1967 darauf hingewiesen, daß sich durch die Fortsetzung der Stagnation für das Stabilitätsziel nicht mehr viel gewinnen ließe. Den Preiseffekt der Mehrwertsteuer ab 1. Januar 1968 genau abzuschätzen, ist nicht möglich. Ein marktwirtschaftlicher Weg, ihm entgegenzuwirken, besteht im Wiederaufbau der Lagervorräte bis zur Einführung der Mehrwertsteuer.

— Bei einer Arbeitslosenquote von 1.7 v. H. (Stand Ende August) ist das Ziel eines hohen Beschäftigungsstandes nicht erreicht. Ohne eine erhebliche Stärkung der schwachen konjunkturellen Auftriebskräfte müßte im Winterhalbjahr 1967 mit einem erheblichen Anwachsen der Arbeitslosigkeit und der Kurzarbeit gerechnet werden.

— Der Exportüberschuß in der Höhe von 10,1 Mrd. DM in den ersten sieben Monaten des Jahres 1967 steht im deutlichen Widerspruch zu dem Ziel des außenwirtschaftlichen Gleichgewichts. Diese Überschußentwicklung, die vom Sachverständigenrat bereits in seinem Sondergutachten vom März 1967 prognostiziert wurde, ist zu einem Teil eine Folge des inländischen Nachfragemangels; sie stellt insoweit ein „Einfuhrdefizit" dar. Sie ist damit zugleich eine erhebliche Belastung unserer Partnerländer, die auf diese Weise in den Sog unserer rezessiven Konjunkturentwicklung geraten sind. Die unserer Lage entsprechende Beseitigung des Ungleichgewichts geschieht dadurch, daß durch inländische Nachfragesteigerung zugleich die Einfuhren in die Bundesrepublik vermehrt werden.

— Am stärksten gefährdet bleibt nach wie vor das Ziel des angemessenen und stetigen Wachstums. Ein Vergleich des von einigen Forschungsinstituten für das ganze Jahr 1967 geschätzten Rückganges des realen Bruttosozialprodukts von 0,5 v. H. (bei weiteren konjunkturfördernden Maßnahmen) und 2,5 v. H. (ohne solche) mit der von der Bundesregierung in ihrer mittelfristigen Zielprojektion angestrebten und für möglich gehaltenen Wachstums von real 4 v. H. zeigt das Ausmaß des Wachstumsverlustes im Jahre 1967. Ohne die Maßnahme des Zweiten konjunktur- und strukturpolitischen Programms der Bundesregierung besteht die Gefahr, daß sich auch im Jahre 1968 erhebliche Wachstumsverluste ergeben.

IV.

Das von der Bundesregierung nach Abstimmung mit den Vertretern der Länder und Gemeinden im Konjunkturrat für die öffentliche Hand vorgelegte Zweite Programm für besondere konjunktur- und strukturpolitische Maßnahmen 1967/68 sieht zusätzliche öffentliche Investitionsausgaben in Höhe von 5,3 Mrd. DM vor.

Die Auswahl der Ausgabekategorien und Projekte erfolgte sowohl unter konjunktur- als auch unter strukturpolitischen Gesichtspunkten.

Maßgebend für den konjunkturpolitischen Aspekt waren bei der Auswahl:
— die Möglichkeit einer zügigen, den Sachobjekten entsprechenden Auftragsvergabe,
— die Kapazitätsauslastung der unmittelbar betroffenen Wirtschaftszweige und
— die konjunkturelle Anstoßwirkung der Aufträge für andere Wirtschaftsbereiche (Komplementärbereiche, Zulieferindustrie).

Für den strukturpolitischen Aspekt waren insbesondere maßgebend:
— regionale Disproportionalitäten im wirtschaftlichen Entwicklungsstand und Gebiete mit erheblichen strukturellen Anpassungsproblemen („Strukturgebiete"),
— die Beseitigung des Nachholbedarfs an öffentlichen Investitionen im Bereich der wirtschaftlichen, sozialen und kulturellen Infrastruktur,
— die Förderung des wissenschaftlichen und technischen Fortschritts.

Literaturverzeichnis

Einleitung und Abschnitt A

Arndt, Hans Joachim: Die Figur des Plans als Utopie des Bewahrens, in Säkularisation und Utopie, Ernst Forsthoff zum 65. Geburtstag, 1967, S. 119

Badura, Peter: Verwaltungsrecht im liberalen und sozialen Rechtsstaat, 1966

— Die Daseinsvorsorge als Verwaltungszweck der Leistungsverwaltung und der soziale Rechtsstaat, in DÖV 1966, S. 624

Böckenförde, Ernst-Wolfgang: Gesetz und gesetzgebende Gewalt, 1958

Bülck, Hartwig: Wirtschaftsverfassungs- und Wirtschaftsverwaltungsrecht in nationaler und übernationaler Sicht, in Schriftenreihe der Hochschule Speyer, Bd. 22, 1964

Dahrendorf, Ralf: Homo Sociologicus, ein Versuch zur Geschichte, Bedeutung und Kritik der Kategorie der sozialen Rolle, 5. Aufl., 1965

Ehmke, Horst: Wirtschaft und Verfassung, 1961

Engels, Friedrich: Die Lage der arbeitenden Klassen in England, 1845

Forsthoff, Ernst: Verfassungsprobleme des Sozialstaats, 1954

— Über Maßnahmegesetze, in Gedächtnisschrift für Jellinek, 1955, S. 221

— Die Verwaltung als Leistungsträger, 1938, zitiert nach dem Neudruck in Rechtsfragen der leistenden Verwaltung, 1959

Freyer, Hans: Das soziale Ganze und die Freiheit des Einzelnen unter den Bedingungen des industriellen Zeitalters, 1957

Hirsch, Ernst und *Rehbinder,* Manfred (Hrsg.): Studien und Materialien zur Rechtssoziologie, Kölner Zeitschrift für Soziologie und Sozialpsychologie, Sonderheft 11/1967

Humboldt, Wilhelm von: Ideen zu einem Versuch die Gränzen der Wirksamkeit des Staates zu bestimmen, in Werke, hrsg. von Flitner und Giel, Bd. 1, 1960, S. 70

Ipsen, Hans Peter: Rechtsfragen der Wirtschaftsplanung, in Planung II, hrsg. von Kaiser, 1966, S. 63

Jochimsen, Reimut: Grundlagen, Grenzen und Entwicklungsmöglichkeiten der Welfare Economics, in Probleme der normativen Ökonomik und der wirtschaftspolitischen Beratung, hrsg. von Beckerath und Giersch in Verbindung mit Lampert, Schriften des Vereins für Socialpolitik NF, Bd. 29 (1963), S. 129

— Strategie der wirtschaftspolitischen Entscheidung, in Weltwirtschaftliches Archiv, Bd. 99 (1967), S. 52

Jöhr, Walter Adolf und *Singer,* H. W.: Die Nationalökonomie im Dienste der Wirtschaftspolitik, 2. Aufl., 1964

Jonas, Friedrich: Technik als Ideologie, in Technik im technischen Zeitalter, Stellungnahmen zur geschichtlichen Situation, 1965, S. 135

Kern, Ernst August: Skizzen zur Methodik und zum System der Planung, in Planung II, hrsg. von Kaiser, 1966, S. 351

Krüger, Herbert: Allgemeine Staatslehre, 1964

Laband, Paul: Besprechung von: Otto Mayer, Theorie des französischen Verwaltungsrechts, 1886, in Archiv für Öffentliches Recht, Bd. 2 (1887), S. 149

Loening, Edgar: Lehrbuch des Deutschen Verwaltungsrechts, 1884

Luhmann, Niklas: Die Knappheit der Zeit und die Vordringlichkeit des Befristeten, in Die Verwaltung, 1. Bd. (1968), S. 3

Maier, Hans: Die ältere deutsche Staats- und Verwaltungslehre, 1966

Mayer, Franz: Die Eigenständigkeit des bayerischen Verwaltungsrechts, dargestellt an Bayerns Polizeirecht, 1958

Mayer, Georg: Lehrbuch des Deutschen Verwaltungsrechts, 2. Aufl., Teil I, 1893

Mayer, Otto: Deutsches Verwaltungsrecht, 2 Bde., 1895 und 1896

Mohl, Robert von: Die Polizei-Wissenschaft nach den Grundsätzen des Rechtsstaats, 3 Bde., 3. Aufl., 1866

Pütter, Johann Stephan: Institutiones iuris publici germanici, 1770

Pütz, Theodor: Die wirtschaftspolitische Konzeption, in Zur Grundlegung wirtschaftspolitischer Konzeptionen, Schriften des Vereins für Socialpolitik NF, Bd. 18, 1960, S. 11

Rosin, Heinrich: Der Begriff der Polizei und der Umfang des polizeilichen Verfügungs- und Verordnungsrechts in Preußen, in Verwaltungsarchiv Bd. 3 (1895), S. 249

Rüfner, Wolfgang: Formen öffentlicher Verwaltung im Bereich der Wirtschaft, Untersuchungen zum Problem der leistenden Verwaltung, 1967

Scheuner, Ulrich: Die staatliche Intervention im Bereich der Wirtschaft, in VVDStRL, Heft 11 (1954), S. 67

— Verfassungsrechtliche Grundlagen der staatlichen Wirtschaftspolitik, in Jahresbericht der Gesellschaft von Freunden und Förderern der Rheinischen Friedrich-Wilhelm-Universität zu Bonn e. V., 1963, S. 22

— Verfassungsrechtliche Probleme einer zentralen staatlichen Planung, in Planung I, hrsg. von Kaiser, 1965, S. 67

Schlieffen, Albrecht Graf von: Begriff und aktuelle Elemente militärischer Planung, in Planung II, hrsg. von Kaiser, 1966, S. 29

Svarez, Carl Gottlieb: Vorträge über Recht und Staat (1746—1798), hrsg. von Conrad und Kleinheyer, 1960

Wieacker, Franz: Das Bürgerliche Recht im Wandel der Gesellschaftsordnungen, in Hundert Jahre deutsches Rechtsleben, Festschrift Deutscher Juristentag, Bd. 2, 1960, S. 1

Wolzendorff, Kurt: Die Grenzen der Polizeigewalt, 2. Teil: Die Entwicklung des Polizeibegriffs im 19. Jahrhundert, 1906

Zacher, Hans F.: Aufgaben einer Theorie der Wirtschaftsverfassung, in Wirtschaftsordnung und Rechtsordnung, Festschrift für Böhm, 1965, S. 60

Zeidler, Karl: Maßnahmegesetz und „klassisches" Gesetz, 1961

Abschnitte B—D

Arndt, Hans Joachim: Politik und Sachverstand im Kreditwährungswesen, 1963

Bauer, Wilhelm: Der Sachverständigenrat, in Theoretische und institutionelle Grundlagen der Wirtschaftspolitik, Theodor Wessels zum 65. Geburtstag, 1967, S. 349

Benda, Ernst: Die aktuellen Ziele der Wirtschaftspolitik und die tragenden Grundsätze der Wirtschaftsverfassung, in NJW 1967, S. 851

Bethusy-Huc, Viola Gräfin von: Das Sozialleistungssystem der Bundesrepublik Deutschland, 1965

Böckenförde, Ernst Wolfgang: Die Organisationsgewalt im Bereich der Regierung, 1964

Bülck, Hartwig: Zur Systematik der Europäischen Wirtschaftsgemeinschaften, in Berichte der Deutschen Gesellschaft für Völkerrecht, Heft 3 (1959), S. 66

Bullinger, Martin: Staatsaufsicht in der Wirtschaft, in VVDStRL, Heft 22 (1965), S. 264

Brentano, Lujo: Die deutschen Getreidezölle, 1911

Carstens, Karl: Die Errichtung des gemeinsamen Marktes in der Europäischen Wirtschaftsgemeinschaft, Atomgemeinschaft und Gemeinschaft für Kohle und Stahl, in Zeitschrift für ausländisches öffentliches Recht und Völkerrecht, Bd. 18 (1958), S. 482

Coing, Helmut, *Kronstein,* Heinrich, *Mestmäcker,* Ernst-Joachim (Hrsg.): Wirtschaftsordnung und Rechtsordnung, Festschrift für Böhm, 1965

Consbruch-Möller: KWG-Kommentar, 1965

Conze, Werner und *Raupach,* Hans (Hrsg.): Die Staats- und Wirtschaftskrise des Deutschen Reichs 1929/33, 1967

Dietze, Constantin von: Grundzüge der Agrarpolitik, 1967

Erler, Georg: Grundprobleme des internationalen Wirtschaftsrechts, 1956

Everling, Ulrich: Die Koordinierung der Wirtschaftspolitik der Mitgliedstaaten in der EWG, in Bd. 32 der Schriftenreihe der Hochschule Speyer, 1967, S. 163

Fischerhof, Hans: Zur gesetzmäßigen Handhabung des § 4 des Energiewirtschaftsgesetzes, in Energiewirtschaftliche Tagesfragen, 1966, S. 191

Friauf, Karl Heinrich: Bemerkungen zur verfassungsrechtlichen Problematik des Subventionswesens, in DVBl. 1966, S. 729

Fürst, Gerhard: Statistik, amtliche (I), in Handwörterbuch der Sozialwissenschaften, Bd. 10, 1959, S. 52

Götz, Volkmar: Wirtschaftsverwaltungsrechtliche Ausgleichsabgaben, in AÖR, 85. Bd. (1960), S. 200

— Recht der Wirtschaftssubventionen, 1966

Gottschick, Hermann: Das Bundessozialhilfegesetz, 3. Aufl., 1966

Hahn, Hugo J.: Rechtsfragen der Diskontsatzfestsetzung, 1966

Hedemann, Justus Wilhelm: Die Flucht in die Generalklausel, 1933

Heinze, Christian: Der Sachverständigenrat zur Begutachtung der gesamtwirtschaftlichen Entwicklung und die Umbildung der Verfassung, in Der Staat, Bd. 6 (1967), S. 433

Herzog, Roman: Gesetzgeber und Verwaltung, in VVDStRL, Heft 24 (1966), S. 183

Hesse, Konrad: Grundzüge des Verfassungsrechts der Bundesrepublik Deutschland, 1967

Hettlage, Karl Maria: Die Finanzverfassung im Rahmen der Staatsverfassung, in VVDStRL, Heft 14 (1956), S. 2

— Grundfragen einer Neuordnung des deutschen Finanzrechts, in Finanzwissenschaft und Finanzpolitik, hrsg. von F. Schäfer, 1964, S. 77

— Wirtschaftsordnung und Finanzpolitik, Institut Finanzen und Steuern, Heft 78

— Probleme einer mehrjährigen Finanzplanung, in Finanzarchiv, Bd. 27 (1968), S. 235

Huber, Ernst Rudolf: Wirtschaftsverwaltungsrecht, Bd. 2, 2. Aufl., 1954

Ipsen, Hans Peter: Öffentliche Subventionierung Privater, 1956

— Verwaltung durch Subventionen, in VVDStRL, Heft 25 (1967), S. 257

Issing, Otmar: Monetäre Probleme der Konjunkturpolitik in der EWG, 1964

Jesch, Dietrich: Gesetz und Verwaltung, 1961

Jöhr, Walter Adolf: Der Kompromiß als Problem der Gesellschafts-, Wirtschafts- und Staatsethik, 1958

— Konjunktur (II), Politik, in Handwörterbuch der Sozialwissenschaften, Bd. 6, 1959, S. 114

Kantzenbach, Erhard: Die Funktionsfähigkeit des Wettbewerbs, 1966

Knoll, Ernst: Die sozialethischen und rechtlichen Wandlungen in der Beurteilung des Armenwesens, in Zeitschrift für die gesamte Staatswissenschaft, Bd. 111 (1955), S. 418

Könneker, Wilhelm: Die Deutsche Bundesbank, 1967

Knöpfle, Robert: Der Rechtsbegriff „Wettbewerb", 1966

Köttgen, Arnold: Fondsverwaltung in der Bundesrepublik, 1965

Kroll, Gerhard: Von der Weltwirtschaftskrise zur Staatskonjunktur, 1958

Krüger, Herbert: Allgemeine Staatslehre, 1964

Kutscher, Hans: Staat und Wirtschaft in der Rechtssprechung des Bundesverfassungsgerichts, in Bd. 22 der Schriftenreihe der Hochschule Speyer, 1964, S. 224

Küng, Emil: Wirtschaft und Gerechtigkeit, 1967

Lorenz, Charlotte: Forschungslehre der Sozialstatistik, 3. Bd., Angewandte Sozialstatistik, 1964

Lotz, Walter: Der Schutz der deutschen Landwirtschaft, 1900

Mallmann, Walter: Schranken nichthoheitlicher Verwaltung, in VVDStRL, Heft 19 (1961), S. 165

Mayer, Franz: Das verfassungsrechtliche Gebot der gesetzlichen Ermächtigung, in Festschrift für Nottarp, 1961, S. 187

Menrad, Siegfried: Die Auswirkungen der Kuponsteuer, in Schmollers Jahrbuch für Gesetzgebung, Verwaltung und Volkswirtschaft, 1966, S. 301

Merkel, Hans: Die Marktordnung und ihr Recht, 1942

Neumark, Fritz: Wirtschafts- und Finanzprobleme des Interventionsstaates, 1961

— Probleme und Mittel moderner Finanzpolitik, in Finanzwissenschaft und Finanzpolitik, hrsg. von F. Schäfer, 1964, S. 177

Peters, Hans: Zu den Grenzen der staatlichen Versicherungsaufsicht, in Festschrift für Heinrich Lehmann zum 80. Geburtstag, 1956, S. 895

— Verwaltung ohne gesetzliche Ermächtigung, in Festschrift für Hans Huber, 1961, S. 206

Predöhl, Andreas: Außenwirtschaft, 1949

— Das Ende der Weltwirtschaftskrise, 1962

Prölss, Erich Robert: Wandlungen des Versicherungsrechts, in Zeitschrift für die gesamte Versicherungswissenschaft, Bd. 50 (1961), S. 109

— Versicherungsaufsichtsgesetz, 5. Aufl., 1966

Pütz, Theodor: Geschichtliche Wandlungen der Konjunkturschwankungen und Konjunkturpolitik, in Wirtschaft, Gesellschaft und Kultur, Festgabe für Müller-Armack, 1961, S. 167

Rauber, Wilhelm: Aufbau und Aufgaben des Reichsnährstandes, in Jahrbuch für Nationalsozialistische Wirtschaft, 1935, S. 75

Reuss, Wilhelm: Wirtschaftsverwaltungsrecht I, Abschnitt IV, in v. Brauchitsch-Ule, Verwaltungsgesetze des Bundes und der Länder, Band VIII, 1. Halbband, 1963

Rinck, Gerd: Wirtschaftsrecht, 1963

Rittershausen, Heinrich: Die Zentralnotenbank, 1962

Rosenberg, Hans: Große Depression und Bismarckzeit, 1967

Roth, Georg: Das Auskunftsrecht der Wirtschaftsverwaltung, Wandlungen im Verwaltungsrechtsverhältnis, in Verwaltungsarchiv, 1966, S. 225

— Staatliche Strukturhilfen im nationalen und übernationalen Recht, in Bd. 32 der Schriftenreihe der Hochschule Speyer, 1967, S. 121

— Dokumentation zur Koordinierung der Konjunktur- und Strukturpolitik der Mitgliedstaaten in der EWG, in Bd. 32 der Schriftenreihe der Hochschule Speyer, 1967, S. 204

Rupp, Hans-Heinrich: Grundfragen der heutigen Verwaltungsrechtslehre, 1965

Samm, Carl-Theodor: Die Stellung der Deutschen Bundesbank im Verfassungsgefüge, 1967

Scheuner, Ulrich: Die Rolle der Handelsverträge im internationalen Wirtschaftsrecht der Gegenwart, in Festschrift für Kyriacopulos, Aristotelische Universität Saloniki, Jahrbuch der Rechts- und Wirtschaftswissenschaftlichen Fakultät, Bd. 13 (1966), S. 22

— Die Anwendung des Art. 48 der Weimarer Reichsverfassung unter den Präsidentschaften von Ebert und Hindenburg, in Staat, Wirtschaft und Politik in der Weimarer Republik, Festschrift für Brüning, 1967, S. 249

Schiller, Karl: Marktregulierung und Marktordnung in der Weltagrarwirtschaft, 1940

Schmidt, Reimer: Europäisches Versicherungsaufsichtsrecht, 1. Bd., 1966
Schmölders, Günter: Konjunkturen und Krisen, 1955
Schöllhorn, Johann: Verbesserung der konjunkturpolitischen Steuerungsmöglichkeiten als permanente Aufgabe der nationalen und internationalen Wirtschaftspolitik, in Konjunkturpolitische Einwirkungsmöglichkeiten, Beihefte der Konjunkturpolitik, Heft 11 (1965), S. 10
Schulz, Heinz Friedrich: Außenwirtschaftsgesetz, 1963
Sering, Max: Deutsche Agrarpolitik im Rahmen der inneren und äußeren Wirtschaftspolitik, 1932
Sieg-Fahning-Kölling: Außenwirtschaftsgesetz 1963
Spindler-Becker-Starke: Die Deutsche Bundesbank, 2. Aufl., 1960
Starke, Otto Ernst: Die Neuregelung der Bankenaufsicht und ihre Bedeutung für die Versicherungswirtschaft, in Zeitschrift für die gesamte Versicherungswissenschaft, 49. Bd. (1960), S. 15
— Die Entwicklungslinien der materiellen Staatsaufsicht in der ersten Hälfte des 20. Jahrhunderts, in 50 Jahre materielle Staatsaufsicht, hrsg. von Rohrbeck, 3. Bd., 1955
Stucken, Rudolf: Deutsche Geld- und Kreditpolitik (1914—1963), 3. Aufl., 1964
Stein, Ekkehart: Die Wirtschaftsaufsicht, 1967
Stern, Klaus: Rechtsfragen der öffentlichen Subventionierung Privater, in JZ 1960, S. 518
Stern-Münch: Gesetz zur Förderung der Stabilität und des Wachstums der Wirtschaft, 1967
Szagunn-Neumann: Gesetz über das Kreditwesen, 2. Aufl., 1967
Ule, Carl Hermann: Über das Verhältnis von Verwaltungsstaat und Rechtsstaat, in Staats- und verwaltungswissenschaftliche Beiträge, hrsg. von der Hochschule für Verwaltungswissenchaften Speyer, 1957, S. 127
Veit, Otto: Zentralbankpolitik, in Handwörterbuch der Sozialwissenschaften, Bd. 12, 1965, S. 423
Vogel, Klaus: Gesetzgeber und Verwaltung, in VVDStRL, Heft 24 (1966), S. 183
Wagner, Adolph: Der Staat und das Versicherungswesen, in Zeitschrift für die gesamte Staatswissenschaft, Bd. 37 (1881), S. 173
Wächter, Hans-H.: Die Preispolitik für landwirtschaftliche Erzeugnisse in der EWG, in Berichte über Landwirtschaft, 1967, S. 521
Weber, R.: System der deutschen Handelsverträge, 1912
Weber, Werner: Zur Gültigkeit des Preisgesetzes, in DÖV 1957, S. 36
— Die Versicherungsaufsicht in der gegenwärtigen Rechtsentwicklung, in Zeitschrift für die gesamte Versicherungswissenschaft, Bd. 50 (1961), S. 333
— Versicherungsaufsicht, in Handwörterbuch der Sozialwissenschaften, Bd. 11 (1961), S. 206
Wohlfahrt-Everling-Glaesner-Sprung: Die Europäische Wirtschaftsgemeinschaft, 1960
Wolff, Reinhold: Die Preissenkungsverordnung, 1932
Wolff, Bernhardt: Die Ermächtigung zum Erlaß von Rechtsverordnungen nach dem Grundgesetz, in AÖR, Bd. 78 (1952), S. 194
Zacher, Hans F.: Verwaltung durch Subventionen, in VVDStRL, Heft 25 (1967), S. 308

Printed by Libri Plureos GmbH
in Hamburg, Germany